SHODENSHA SHINSHO

言葉にして伝える技術

――ソムリエの表現力

田崎真也

祥伝社新書

はじめに〜ソムリエの表現力

アルコール飲料を中心とした飲み物に関する知識について学び、試飲をし、店のコンセプトに合う商品を選び、リストを作成する——これが、ソムリエの仕事の準備段階です。そして、さらにお客様のお好みと予算を優先しながら、料理や目的に合った飲み物を選ぶアシストをし、より快適に過ごしていただくためのサービスを行なうのが、メインとなる仕事です。

したがって、この仕事には、「言葉」が非常に重要な役割を果たしています。言葉は、実はソムリエにとって、切っても切り離せない、言ってみれば仕事の大切な道具なのです。

僕は、一年間に一万種類以上のワインを試飲します。それらのワインの特徴を記憶するための方法は、視覚、嗅覚、味覚、触覚、聴覚といった、五感をフル稼働させて、感じとったことを言葉に置き換えることから始まります。

ワインの外観には、視覚を使います。色合いの微妙なニュアンスの違いを、宝石の色などにたとえます。アルコールのボリュームを知るために、液体の粘着性を観察し、言葉で表現し、液体の清澄度合いも言葉に置き換えます。

ワインの香りは、嗅覚で感じた香りをいろいろなものに置き換えて表現します。果物や花、スパイスやハーブ、木や土などにたとえます。その数は五〇〇以上にも及びます。

ワインの味わいには、味覚や触覚を使います。甘味、酸味、塩味、苦味、旨味《うま》の五味のバランスを表現します。ワインの温度や赤ワインに含まれるタンニンからの渋みや、発泡性ワインの泡の刺激は、口中での触感でとらえ、言葉にしていきます。また、発泡性ワインの場合には、聴覚を使って泡の状態を確認することもあります。

では、なぜソムリエは、五感で感じたことを言葉に置き換えるのでしょうか。五感で受け止めた感覚は、潜在的な記憶にとどまることがあっても、それだけでは、自由自在に引き出せる記憶にはなっていません。いつでも思い出し、より明確に呼び起こすためには、言葉が必要なのです。ワインを一種類ずつ、五感のセンサーで受け止めた感覚を左脳で判断し、言語化し、記憶し、それを整理しデータとして蓄積することにより、容易に検索するための手助けとするのです。

そして、その言語は、他人と共有できなくては意味のないものであり、英語やフランス語などと同じように単語の意味を知り、文法を学び、使いこなしていきます。こうすることで、世界中のワイン生産者やソムリエの間で有効なコミュニケーション・ツールとなるのです。

また、ワインの味わいや料理との相性をお客様に説明する場面でも、言葉はとても重要です。たとえば、あるワインに感じたことを一〇〇の単語で表現し、記憶しておけば、お客様がこれまで飲んできたワインの経験や知識、好みの違いに応じて、二〇から三〇の単語を使い分けて適切に説明することができます。

感覚を言葉に置き換えて表現するのは、ワインに限ったことではありません。ほかの飲食物に対してもそうです。テレビを見ると、連日、どこかのチャンネルでグルメ番組あるいは食に関わる情報が放映され、さまざまなレポーターが食べ物についてコメントしています。書店に行くと、雑誌は食べ物屋さんの紹介記事であふれていますし、ガイドブックもたくさん発売されています。さらにインターネット上では、実に多くの食べ物ブログが存在し、自分で作った料理や、レストランで食べた料理について書かれてあります。

このことからも、日本人は、食べ物に関して非常に関心の強い国民だということがわかります。ところが、そういう国民性であるにもかかわらず、食べ物に関しての表現力がどうかというと、僕から見ると、適切な表現例は乏《とぼ》しく、むしろ表現ベタではないかと感じています。

たとえば、おいしい肉料理を食べたときに、「やわらかくて、おいしい」という表現が常套《じょうとう》句になっているのではないでしょうか。しかしながら、この「やわらかくて」には、触感による感覚のことしか表現されていません。嗅覚や味覚――つまり、香りや味がどうなのかがまったくわかりませんから、相当に不十分な表現と考えていいでしょう。しかし、だれも不思議だと思わずに、今も頻繁《ひんぱん》に使われており、すんなり受け入れられている表現なのです。

本来、食べ物は、視覚で外観を、嗅覚で香りを、聴覚で噛《か》む音の響きを、触覚で歯ごたえや舌ざわり、熱を感じ、そして五つの味のバランスを味覚で確かめ、そのトータルで表現すべきものです。

この本は、そういった表現力の鍛《きた》え方をテーマにしています。表現力は、国語力や文章力とは関係なく、五感が磨かれることで自然に身につく能力だと思っています。だれもが、五感で感じ、それを言葉に置き換えて表現する習慣を身につけることができるのです。

とはいっても、これは、読者のみなさんにソムリエになることをすすめている本でも、また、ソムリエのための本でもありません。表現力を鍛えることで、あなたの人生や暮らしがより豊かになる、あるいは、ビジネスの世界でその力が発揮されることを思いながら、書いた本です。

どうぞ最後までお付き合いください。

二〇一〇年九月　田崎真也

言葉にして伝える技術——目次

[2] 先入観でおいしいと思い込んでいる表現 27

第二章　味わいを言葉にして表現する　75

第三章　五感を鍛え、表現力を豊かにする方法

第一章　その言葉は、本当に「おいしい」を表現できていますか？

「おいしい」を伝えようとして、何の疑問もなく、ごく当たり前のようにして使われている表現があります。しかし、その大半は、口先だけで使っているにすぎず、ちゃんとした感覚――五感の働きをとおして感じられたものではありません。

ここでとりあげるのは、テレビや雑誌、ブログなどで実際に使われていた例ばかりです。そうした一般的で、頻繁《ひんぱん》に用いられている「おいしい」表現の、どういったところが適切ではないのか、おかしいのかを僕なりに検証してみたいと思います。

かなり厳しくダメ出しをしていきますが、最初のうちは、どこが悪いのか、いまひとつ理解できない、という人もいるかもしれません。しかし、第二章、第三章と読み進めるうちに、こうした表現が、本物の表現力を獲得する妨《さまた》げになっていることが、はっきりとわかってくると思います。このことに気づくだけでも、大きな第一歩なのです。

問題表現は、だいたい次の三つのパターンに分けることができます。

［1］実際には味わいを伝えていない常套《じょうとう》的表現

［2］先入観でおいしいと思い込んでいる表現
［3］日本的なマイナス思考による表現

［1］実際には味わいを伝えていない常套的表現

食べ物の表現において、日本にはさまざまな常套句があります。紋切り型の表現といってもいいかもしれません。あまりにも頻繁に目にしたり、耳にしたりする表現だけに、だれもが日常のなかでその表現を無意識的に使い、一般に受け入れて認められている傾向にある表現です。

しかし、よくよくその意味を吟味していくと、実際には食べ物の味わいがまったく表現されていないことが多く、何かを伝えたつもりが、何も伝わっていないということが多くあります。この項目では、そういった実例を紹介していきます。

●「こんがりきつね色」

これは、「おいしい」表現の代表例でしょう。「こんがりきつね色に揚がったコロッケ」というふうに用いられます。

しかし、「こんがりきつね色」とは、料理の仕上がりの色合いを視覚だけで表現したものです。もちろん料理は見た目も重要ですが、見た目で食欲をそそられた、というだけの表現にすぎないのです。これだけだと、どんな味わいなのか、風味なのか、肝心なところはまったく伝わりません。これをイントロにして、さらに踏み込んだ表現が続いていけばよいのですが、たいていはこれで終わってしまうのです。ましてやテレビや写真つきの雑誌などでは、受け手は、きつね色であることを確認できているわけですから、表現者はそれ以外の点について触れる必要があります。

きつね色がおいしいわけではないのに、きつね色がおいしさのバロメーターと勘違いしているのです。極端にいうと、高温で揚げれば、中に火が入っていようと、いまいと、表面はすぐきつね色に揚がりますから。実際にかじってみたら、なかは冷たいということだってあるわけです。

まず最も重要な素材の質、調理の下ごしらえ、その大きさ、揚げ油の質と量、揚げる温度と時間などの各要素が好条件で組み合わさった結果、きつね色に揚がっておいしいとはじめて表現できます。それらの要素をなぜか全部省略して、「こんがりきつね色」だけがおいしさの表現として独《ひと》り歩きしている、ふさわしくない表現です。

●「肉汁《にくじゅう》がじゅわっと広がる」

グルメレポーターが、ステーキやハンバーグを食べたときに必ず使うといってよい、最もありふれた常套句のひとつです。

しかしながら、じゅわっと肉汁が広がること自体がおいしいかというと、決してそうではないと思います。脂の多い肉を食べれば、肉汁（実際にはその多くが溶けた脂）が広がるのは当たり前ですから。あまりおいしくない肉であっても、また、ハンバーグのように挽《ひ》き肉を使っていることにより、切った断面の表面積が広くなっている料理などを食べても肉汁はじゅわっと広がるわけで、そう考えると肉汁が、おいしさを表わす要素にはならないということがよくわかります。一方で、汁気はなくとも、じっくりかみしめると、味わいのある肉がありますこうした肉の存在を否定するかのような表現が、「肉汁がじゅわっと」なのです。

まずい肉汁がじゅわっと出てきたら、どうするのでしょうか。少なくとも肝心の肉汁がどういった風味であるのかを表現するべきではないでしょうか。

●「バターを贅沢《ぜいたく》に使った」

「バターを贅沢に使ったソース」というふうに用いられます。よく似た表現に、「牛肉がたっぷり入ったコロッケ」があります。どちらも視覚からきた「量」を意識した表現となっています。

おいしさの鍵は、「量」よりも「バランス」です。コロッケならば、中身の牛肉とジャガイモのブレンドの割合と下味のつけかた、そして衣とのバランス、これに揚げ方などが満足のいく仕上がりとなって、総合的においしいといえるわけです。

バターを用いるソースにしても、そのソースを何にかけるかによって、バランスは異なります。ソースに白ワインを使うのか、使わないのか、濃度をつけるのか、つけないのか、場合によって適量というのがありますから、当然のことですが、高価な材料が多く入っているからといって、おいしいとは限りません。

●「プリプリした」

触感に基づく擬声語的な表現で、やはり味わいを示す表現ではありません。

たとえば、「プリプリした刺身」という表現について見てみましょう。もし目の前に天然ものの鯛の刺身と、養殖ものの鯛の刺身が並んでいるとしましょう。どちらも活〆《いけじめ》直後であれば、その身は同様に、「プリプリした」と表現できます。しかしながら、同じように「プリプリした」と表現されながら、その味わいは格段に違うはずです。触感は同じでありながら、嗅覚、味覚を使って食べると、その違いがよくわかるということです。

一般に、天然ものには餌のエビなどの甲殻《こうかく》類の香りをほのかに感じたり、磯の香りともいわれる海藻類の香りなどを感じたりし、また味覚的には養殖ものに比べると脂が少なく、逆に旨味をよりはっきりと感じやすいのに対して、養殖もののなかには、食べ残しの餌から沈殿物を含むヘドロの臭いを感じるものや、餌のイワシなどの魚の脂の酸化した香りなどを感じることもあります。味わい的には天然ものに比べると脂が特別に多く感じられます。

ついでながら「脂がのっている魚」も、時と場合により、おいしい表現とは結びつかないことがあります。たとえば、「この鯛の刺身には、脂がのっておいしい」と言う場合、それは養殖の鯛だったりします。なぜならば、天然の鯛の身それじたいには脂が少なく、天然もので脂を感じるとしたら、皮と皮のすぐ内側、さらに腹の内側の部分です。皮を付けずに、背側の身だけを食べて脂がのっていると感じるとすれば、それは養殖や天然の鯛を生きたまま捕獲し、その後に一定期間を飼育してから出荷した〝畜養殖〟の鯛、もしくは養殖場の周りで育ったものの可能性が大なのです。もちろん天然ものだから養殖ものよりも必ず〝おいしい〟のかというと、一概にはそう断言できませんし、養殖ものでもその方法によっては、天然ものと区別が付きづらいものもあります。でも、脂が多いからおいしいと言い切るような表現は、明らかに間違いです。

話が横道にそれましたが、魚は〆《しめ》たてであればプリプリですし、プリプリの後に続く表現として使われる「この鯛のお刺身は、身がプリプリで新鮮だから、おいしい」のように、プリプリは、新鮮さを表わしているのでしょうが、とは言っても、新鮮であることがおいしさに通じるかのようなイメージが、すべての魚に当てはまるわけではありません。

実際に多くの天然の魚は、ある程度の時間が経過したほうがずっと旨味豊かに感じられます。一日以上経過したもののほうがよりおいしくなる魚は少なくありません。「プリプリの刺身」と似た表現に、「ほくほくのポテトサラダ」があります。これも、ジャガイモの品種によって、ほくほくに仕上がりやすいものもあれば、そうでないものもあります。また、加熱の仕方によって、よりほくほくにすることも可能でしょう。いつ仕上げたかも重要です。でも、その料理の肝心な要素である〝味付け〟には、ここでもまったく触れられていないのです。

●「ほっこりした」

「ほっこりとした味わい」も、ときどき見かける言葉です。

日頃何気なく使っていながら、正確な意味やニュアンスを知らない言葉は多くあります。僕はこうした言葉と出くわすたびに、ケータイの電子辞書を使って、すぐ調べることにしています。「ほっこり」はそんな言葉のひとつでしょう。『大辞林』には、

1.「ほかほかと暖かいさま」→表現例は、「ほっこりとした芋」
2.「色つやがよく鮮やかなさま。また、ほっとしたさま」→「ほっこりと息つきたいが」
3.「焼芋。ふかし芋」

と、ありました。同じ「ほっこり」を『大辞泉』でも見てみましょう。

1.「いかにも暖かそうなさま」
2.「ふくよかなさま」
3.「つやがあって鮮やかなさま」
4.「ふかしたさつま芋」

と、あります。二冊の辞書の意味から考えても、「ほっこりした」というのは、どうやら温かみを感じるということであり、味わいには直接つながる言葉ではありません。味覚の表現ではなく、どちらかというと触覚的な表現です。

●「まったりした」

「まったり」はコミックの『美味《おい》しんぼ』で有名になった言葉です。やはり電子辞書で、その意味を調べてみます。『大辞林』では、

1.「まろやかで、こくのある味わいが、口中にゆったりと広がっていくさま」
2.「ゆっくりしたさま。のんびりしたさま。くつろいだざま。だらだらしたさま」

と、あります。一方、『大辞泉』では、

1. 「味わいがおだやかで、こくのあるさま」
2. 「ゆったりとしているさま。のんびりと落ち着いた気分であるさま。また、だらだらしているさま」
3. 「人柄が穏やかなさま」

と、あります。

でも、『大辞泉』にある「おだやかで、こくのある」が、もし味の表現ならば、矛盾しているような気がします。「おだやか」というのは、同じ『大辞泉』によると、「静かでのどかなさま。安らか」というイメージであり、一方の「こく」というのも、「濃し」の連用形「こく」が名詞化したもので、意味は「濃厚なうまみ」とあるので、どうも逆の意味を感じます。

また『大辞林』による「まろやかで、こくのある」の「まろやか」は、同じ『大辞林』で、「穏やかなさま」とあるので、やはり逆の意味ともとれます。

ここで、どちらも「こく」という言葉で説明されていますが、そもそも「こく」がどのような印象に対して使う言葉なのかが、はっきりとしていません。『大辞林』でも「濃い深みのあるうま味」となっているように、〝うま味〟がキーワードとなっています。

しかし、「こくがある」という表現は、ワイン、コーヒーに使った場合、〝うま味〟よりも、むしろ苦味と甘味を合わせた感覚に対して用いるので、主にアミノ酸がもたらす〝旨味〟の表現ではないところもあります。また、こくのあるソースというと、アミノ酸の印象よりも、脂肪分による一種の粘着性から口中にまとわりつくさまを含めた感覚――つまりは触感を表現する場合が多いように思います。

この、日本語の味の表現である「こく」ひとつをとっても、はっきりと共有できる説明がなされていないのが現状なのです。その意味を共有できなければ〝言葉〟として使えないことは言うまでもありません。

「まったり」もそういった意味の共有できていない言葉なので、僕自身はほとんど使いません。あえて見解を述べさせていただくなら、口中にまとわりつくさまをともなった味わい、とくに甘さを含んだ旨味の豊かさを感じるような状態なのではないかと考えます。

●「こくがあって、あっさりしている」

前項で、「おだやかで、こくのある」は矛盾した表現だと書きました。その同じ事例が、「こくがあって、あっさりしている」です。この表現は、なぜかラーメンのおいしさを表現するときに、頻繁に使われているように思います。

「スープの最後の一滴まで飲み干した」とコメントし、食べ終わった感想として、「こくがあるのに、あっさりしていますね」という言葉で締める……そんなレポートをグルメ番組で見たことはありませんか。とくにトンコツ系のラーメンに使われる、いわば定番的な表現です。

しかし、何度も言うとおり、「こくがある」と「あっさりしている」は対極にある言葉で、表わしている内容もまったく矛盾しています。結局どんな味なのかわかりません。

トンコツ系のラーメンを食べて、こくがあるままで終わってしまうことが、重いイメージでネガティブなのでよしとしないと、そのレポーターは感じているんでしょうか。後味があっさりとしていないとイヤなのでしょうか。どちらかというと、多くの常連客は、こくのある味を求めてトンコツ系のラーメンを食べているのに、不思議なことを言うものです。

「はじめにトンコツからのふくよかなうま味を感じますが、余韻には野菜からのあっさりとしたさわやかな風味が残ります」という表現であれば、時間差をもって「こってり」も「あっさり」も肯定的に使っているので、いいと思うのですが、いかがでしょうか。

[2] 先入観でおいしいと思い込んでいる表現

誤った先入観によって、おいしいと思い込んでいる表現もたくさんあります。前節は、言葉の表面的なイメージに対する誤解でしたが、こちらは、ものの考え方に対する誤解であるぶん、より深刻です。

●「手作りだから、おいしい」

この「手作り」という言葉も、誤解を招く表現方法です。「手作り」は、作り上げた「結果」よりも、むしろ「プロセス」を評価しているにすぎないからです。

雑誌の記事に限らず、グルメ番組でも頻繁に登場する言葉です。たとえば「料理長みずからによる手作り料理」「自家製（ハンドメイド）ケーキ」など。しかしながら、この「手作り」とわざわざ断る背景には、二つの「思い込み」が考えられます。

ひとつは「手作り＝おいしい」と思い込んでいること。もうひとつは、「手作り＝手間暇をかけている」と思い込んでいること。

どうですか。思い当たるフシはありませんか。

まず、ひとつめの「手作り＝おいしい」を考えてみましょう。率直に言えば、手作りが、すべておいしいとは限りません。機械で作ったほうが味が均一化されて、おいしいものはこの世の中にたくさんあります。たとえばパン。もちろんパンのタイプによって、もしくは腕のいいパン職人ならば、手でこねたほうがいいという場合もありますが、未熟な人が手でこねたものよりも、機械のほうが時間も早く、均一化されたおいしいものに仕上がります。ケーキやアイスクリームなどに至っては、なおさらです。

二つめの「手作り＝手間暇をかけている」。これはおいしさの表現の用をなしていません。つまり、お金をいただいてお客様にお料理や食べ物を提供している以上、手間暇をかけ、丁寧に仕上げることは、当たり前のことだからです。わざわざこんなふうに断る必要はないのではないでしょうか。

「自家製だから、おいしい」という表現も「手作り」の場合と考え方はまったく一緒です。自家製ケーキ、自家製デザート、自家製パン、自家製ドレッシング、自家焙《ばい》煎《せん》……などなど「自家製」という言葉が世の中に氾濫《はんらん》しています。おいしいというイメージを演出するには効果を発揮すると思い込んでいるのでしょうが、実際はそれに惑《まど》わされてはいけません。

あるレストランに行ったときに、自家製ケーキとメニューに書かれてありました。ということは、このケーキだけは自家製で、「ほかのデザートはどうなの？」と首をかしげたくなりました。レストランによっては、デザートは自分の店で作らずに、ほかの店から仕入れるところもありますし、それはそれぞれの店のやりかたでいいとは思いますが、わざわざ自家製と断っているのはなぜか、ということになります。つまり、一般的に「自家製＝おいしい」というイメージがあるからではないかと思うのです。しかし、自家製だから必ずしもすべてがおいしいとは限りません。

手作りという表現にしても、自家製という表現にしても、おいしいか、そうではないかは、料理人の腕次第です。

ちなみに、「丹誠《たんせい》込めて作る」という表現もおいしさとは直接結びつかない表現です。何かものを作って、それをお客様に販売し、お金をいただいている以上、丹誠込めて作ろうとするのは当然のこと。丹誠込めて作るというのは、食べ物の職人に限らず、すべての作り手に課せられた義務といっていいと思います。それがわかっている人は、わざわざ断らないでしょう。

●「厳選した素材を使っているから、おいしい」

「厳選した素材」――これも人を惑わす言葉です。なぜならば、この料理を作るうえでのプロセス上の言葉は、レストランなどの飲食店では、あまりにも当たり前の基本であり、前提だからです。お客様に料理を提供する以上、限りのある予算内で、厳選した素材を使うことは、当然のことです。しかし、それが「＝おいしい」にはなりません。

ただし、店の業態や環境により、「厳選した」という意味合いがまったく違うことを理解しておくべきです。たとえば、一貫一〇〇円の寿司を提供している回転寿司屋と、一貫二千円の寿司を提供している超高級寿司屋では、厳選の意味がぜんぜん違います。

両方を食べ比べてどちらがおいしいかというと、その評価は、それぞれの食事に求めるものによってまったく違うはずです。なぜならば、食べ手、または目的や時間、タイミングなどによって、何をよしとするか、何に価値を見出しているのかが異なります。総額二千円以内で満腹になるまでしっかりと、スピーディに食べたいという人と、量は少なくてもいいから、そのかわり最上級のネタを使った寿司を、とっておきの日に、素敵な人とゆっくりお酒を飲みながら楽しみたいという場面では、「おいしい」と思うべき対象も感覚も違うからです。

「厳選した素材」は本来、店のセールストークにはなりませんし、おいしさと結びつく表現でもありません。

●「地元の素材を使うから、おいしい」

「地産地消《ちさんちしょう》」は、今や全国的なブームになっています。

地方にあるフランス料理店やイタリア料理店でも、その地方産の食材を積極的に使うという料理人も増えてきていて、その心意気は本当に素晴らしいと思います。

フランス料理だからといって、フランスから輸入された食材だけを使う必要はなく、地元で収穫した新鮮で風味豊かな完熟野菜や特産物を、フランス料理の技法を用いて料理に仕立てるという試みは素晴らしいことです。

もともとフランスでもイタリアでも、それぞれの土地に伝統的な料理があり、それぞれの地方には、地元の食材を使って、その土地の風土に合った料理を作ることが伝統的な食文化として継承されてきました。わざわざほかの地方の食材を取り寄せて料理を作る必要もないし、そもそもそういう発想がありませんでした。ですから、フランスやイタリアの伝統料理の原点も、地産地消にあるといっていいでしょう。

ただし、フランスやイタリアとはっきり異なる点として、今の日本では、地元の食材を使うことがすなわち、おいしい料理というイメージに結びつけられる傾向にあるように感じます。たとえば、「この店は地元の新鮮な野菜を使っています」とか「すぐ目の前の漁港で揚がった魚を使った新鮮な刺身が食べられます」という具合に。

しかし、地元の食材を使えば、必ずおいしい料理に仕上がるかというと、そうではないはずです。もし同じ食材を使って同じような料理を作っても、仮にお店が一〇軒あるとしたら、その味のレベルは千差万別といっていいでしょう。

ましてや同じ食材を使って、それぞれの料理人が自分のイメージで作るとなれば、まったく仕上がるものは違ってきます。となると、肝心なことは、これまで何回も述べてきていますが、料理人の創造性を含めた「腕」と「感性」と「食べる人を思う気持ち」が重要なのです。

新鮮な素材を生かすにはどうするか。採れたての野菜の香りや風味をどう引き出すか、あるいは地魚のうま味を食べ手にどう感じさせるか、それは料理人次第となりますから、「地元の食材を使う＝おいしい」ではないということになります。地元の食材を生かすも殺すも、その店と料理人しだいということです。

地魚の話が出たついでに、よく東京の店でありがちなのは、「ウチの店は、どこそこ漁港から直送された新鮮な魚を使っていますよ」という具合に、セールストークにしているところです。わざわざメニューに産地を書いたり、黒板に大きく書いてアピールしているところがあります。

お客様によっては、漁港から直送されてきたというフレーズを聞いただけで、「直送＝おいしい」と感じてしまう傾向にあるようですが、これも誤解を招きかねない表現といえます。

一般的に、日本のすべての魚市場を見た場合、東京の築地《つきじ》市場は日本一の規模を誇ります。顧客数は多く、なおかつ高級魚が最も取引されている市場といっていいでしょう。ということは、各地の漁港の立場に立ってみると、高値がつく魚、つまり質の高い魚は、地元の市場より築地に卸《おろ》そうと考えるのは当然です。もちろん高級魚とされる魚の数がある程度そろわないとか、大きさがそろわない場合は地元の市場で取引され、そのなかの一部が直送という形で東京に送られてくる場合もあるかと思います。

誤解しないでいただきたいことは、産地直送（産直）が悪いといっているのではありません。自分の人脈を生かし、お客様に喜んでいただくために、状態がよく、少しでも値段の安い食材を使おうとしている料理人の心意気は素晴らしいと思いますし、今後もがんばっていただきたいですが、直送というワードが、「＝おいしい」に直結するものではないということをここでは言いたいのです。

●「産地名が明示されているから、おいしい」

「こしあんの原料の小豆《あずき》は、北海道・十勝《とかち》産の大納言《だいなごん》小豆を使っています」

こういう表現もよく見かけます。産地名を明らかにし、さらに品種名まで明記しています。ところが、これも実際には、おいしさとは直接結びついていない表現です。日本酒で、兵庫県産の山田錦《やまだにしき》を使っていると言われても、それがどんな味なのかはまったく伝わらないのと、まるで同じことです。産地が明らかになっていることで、おいしいと誤解しているわけです。これも致命的な思い込みと考えていいでしょう。

この思い込みがあるからこそ、日本では世間を大きく騒がせている産地偽装の問題が次々と起こるわけです。この「思い込み」は、日本人特有の「ブランド信仰」という言葉に置き換えられます。自分自身の感覚のモノサシを価値基準とせずに、人や世間の決めた任意の価値基準を絶対的に信じてしまうというのが、日本人の弱点であり、それが裏目に出たのが産地偽装の問題と言えばいいでしょうか。

魚の世界で過去に、こんなことがありました。

「アブラボウズ」という全長一メートルを超す海魚を、高級魚の代表格である「クエ」に偽装した事件がありました。一キロ千円ぐらいの「アブラボウズ」を、一万円の「クエ」と称して販売したのです。

ただ、もし「アブラボウズ」と「クエ」を食べ比べた場合、おそらく大部分の人は、脂のしっかりのった「アブラボウズ」のほうをおいしいと言うのではないかと思います。「クエ」は脂がそれほど多くはなく、身が引き締まって、むしろ淡泊なほどです。「クエ」を刺身で食べた経験のない人が、「アブラボウズ」のほうを高級魚だと感じてしまうのは無理もありません。その無知をついた偽装だからこそ、罪は深いといえます。でも一方で、食べている消費者の味わい方――味覚や嗅覚のレベルに何の問題もないとは言えません。なぜなら、「アブラボウズ」を食べた人の多くは、「さすがに高級魚クエはおいしいね」と言っているからなのです。

ウナギや牛肉などにも偽装がありました。この偽装は、牛肉のBSE問題が発生して以降、食品のトレーサビリティ（流通経路の追跡可能性）や産地表示などの規制が厳しくなり、皮肉なことにそれが産地偽装事件の引き金《がね》になってしまったわけです。

産地偽装をした業者が最も悪く、その罪を償わなくてはいけませんが、食する側にも、その偽装品の「風味」よりも「表示」を信じて購入する人がいるからこそ、そこをつけこまれたのだと思います。

つまり、この事件のなかに、普段から「正しいおいしさ」を感じることへの意識がいかに低いかが如実に表われていると僕は思うのです。ウナギや牛肉の本来のおいしさを感じながら食べているのではなく、「このウナギは国産の天然ウナギだから、おいしい」とか「さすが、どこそこの黒毛和牛は違う」というように、産地表示からくるイメージだけで食べていることを告白しているようなものではないでしょうか。

もし、自分の五感でおいしさについて自分なりの基準を持ち、常に進化させるための努力をしていれば、人生においてもっと〝得〟をする場面が増えてくるのではないでしょうか。

ただし、僕自身、日本の産地表示に関しては、まだまだ規定が甘いと感じます。なぜならば、その指定された産地でとれたものであれば、すべてに同じ呼称が認められている例がほとんどで、仮に、一段と品質の劣るものであっても、その土地の名が付いて出荷されるわけです。はじめて食べる人がその三流品を選択してしまったとすると、感動もなく、逆にブランドのイメージダウンにつながりかねません。ヨーロッパの原産地統制呼称のように、産地を名乗るための製造や品質の規定を設けているのとは、ずいぶん異なります。

日本にも平成七年に、当時の国税庁告示により、地理的表示の産地指定が、壱岐《いき》焼酎、球磨《くま》焼酎、琉球泡盛に与えられましたが、条件は、その産地内で醸造し、産地内の水を使用することだけが規定されています。したがって、たとえば、大麦と米を使う壱岐焼酎も、自主的な規定によって大麦二と米一の割合で仕込むことは決まっていても、壱岐産の米と大麦を使って仕込んでいる焼酎もある一方で、現状では、大麦は海外、米も海外もしくは他県の米を使っていても、〝壱岐〟という地名を使うことが〝許されて〟います。

さらに、商品の官能審査（人間の五感によって、商品の品質を審査すること）はないので、出荷されている壱岐焼酎の品質やタイプには差があることになります。はじめて購入したものが、たまたま好みの風味ではなかったとしたら、二度と注文しない消費者もいるでしょう。残念なことです。

他の日本の産地表示を見てみましょう。そのなかで誤解と混乱を招きかねないひとつの要因が、「材料の原産地」と「加工地」の使い分けです。たとえば、緑茶。以前は鹿児島で収穫されたお茶の葉であっても、静岡で加工された葉は、静岡産と表示してよいことになっていました。お茶の場合、加工技術の違いによりお茶の風味や特徴が変わるからという考えが根底にありました。静岡で培《つちか》われた茶葉の製造技術によって加工しているわけだから、ということで静岡産と名乗っていました。

ようやく平成一五年になって、日本茶葉中央会により生産地の表示基準が設けられましたが、その基準でも、「原料の使用割合同一産地の荒茶五〇%以上（静岡は七〇%）」となっていました。ようするに、静岡産と書いていても、三〇%は違う土地の茶葉を使ってもよいということだったのです。しかし、さすがにこれでは消費者の誤解を招くとの声が強くなり、また、産地偽装の問題が起きたことなどもあり、翌一六年には、当該産地の茶葉を一〇〇%とするように改定されました。

日本の食にとって重要な米の産地表示も、当初は五〇%以上でしたが、現在では

「単一原料米」と記載した場合には、一〇〇%当該地産が義務づけられ、ブレンドの場合は、複数原料米と明示し、その割合を記載することになっています。

それでも他の先進国から見れば、なんと遅かったのでしょうか。産地偽装問題がなければ、まだ変わっていなかったのかもしれません。そして、いまだ品質の善し悪しを管理する規定はほとんど設けられていないのです。

●「国産だから、おいしい」

「国産大豆と天然のにがりを使った手作り豆腐。大豆には気を使っていて、産地を訪れて、品質を確かめた、佐賀県のフクユタカを使用している」

こういう表現が、あるグルメ雑誌に掲載されていました。適切な表現か、検証してみましょう。

「国産大豆」や「天然のにがり」を使った「手作り豆腐」。原料は「フクユタカ」という大豆……とあります。しかし、その意味合いを考えながら、じっくり読んでみますが、最終的にその豆腐が、どんな味わいなのかまったくわかりません。産地などの単語をいくつも羅列しているにすぎず、どのように作られたかが、ほんのひと言もないのです。これなら、単に原材料表記でよく、その豆腐の特徴を伝えるには、意味のない表現といっていいでしょう。

どうして国産大豆を使い、天然のにがりを使えばおいしい豆腐になるのか、肝心のところが抜けています。さらに「手作り」という単語を重ねることで、このコピーを書いた人は、これが、いかにもおいしそうな表現だと思い込んでいるし、読者もおそらくは、おいしい豆腐だというイメージを勝手に描いてしまうという図式が成り立っています。

日本人は、どうも国産と外国産という表示があった場合、「国産＝おいしい」「外国産＝おいしくない」という先入観を多くの食品に対して持っているような気がしてなりません。

もしそうであるならば、諸外国に対してずいぶん失礼な話です。日本産以外の食べ物は全部おいしくないと頭ごなしに決めてかかっているようなものです。この「日本VS外国」という「対決の図式」も、日本ならではのものです。

たとえば、米を例にあげましょう。日本人は、日本の米が最高の味だと思っていますが、世界中で最も多く食べられている米は、細長い形の「インディカ米」です。インドや中国、スペインやイタリアではインディカ米を主流に食していますから、人口比率から考えても、日本のジャポニカ米よりは、インディカ米のほうが生産量は多いといえます。

そうなると、インディカ米より、ジャポニカ米である日本の米がおいしいと、一刀両断に表現してしまうことは、インディカ米を主食としている人々の味覚を全否定してしまうことになりますし、それればかりか、世界の主流にある食文化を排除するという、大きな誤ちを犯しているわけです。

実際に、日本人が海外旅行で、インディカ米をはじめて食べたとき、日本の米とは、香りがあまりにも異なり、粘りも少ないので、「クセがあっておいしくない」という感想を持つ人が多いようです。とはいえ、インディカ米とジャポニカ米は、風味の違い、特徴の違いがあるだけで、どちらがおいしい、あるいはおいしくないという具合に、同じ土俵で論ずるような「対決の図式」がそもそもおかしいのです。

インディカ米の特徴を表現するようなコマーシャルをフランスのテレビで見たことがあります。

フランスでは米を炊くというより、ゆでるという調理法が主流です。最近、日本食ブームもあって日本産の炊飯器で米を炊くフランス人もいるようですが、基本的にはボイルします。フランスでは、米はパンのような主食というより、むしろ野菜やパスタの一種としてとらえられ、ボイルしてドレッシングで和えてサラダとして食べることも多いようです。

僕が見たそのテレビコマーシャルですが、「ゆでたあとの感じが、こんなにサラサラです」と表現し、その「サラサラ感」を強くアピールした内容でした。日本における米が、炊いたあとのご飯に「ねばねば・もっちり感」が求められるのと比べても、大きく異なります。

牛肉でも、日本ではどちらかというと霜降り信仰が強く、黒毛和牛が絶対においしいと思い込んでいますが、牛肉が主食であるアルゼンチンの人たちにとっては、霜降り肉の味わいは最初の一口だけであり、主食のように、四〇〇～五〇〇グラムを毎日は食べられないと言います。その嗜好《しこう》には大きな違いがあります。

日本と海外を比べて、米や牛肉だけでもこれだけ嗜好の違いがあるわけですから、国によってかなりの相違点が生じるのは当然のことです。それぞれの国に根付いた食文化や食習慣の違いを認めれば、「国産＝おいしい」「外国産＝おいしくない」という「対決の図式」は、いかに愚かしいことかおわかりになるでしょう。国産か外国産かを判断基準にする前に、それ以前の〝調理技術〟や食べる人の好みなどの問題が重要であるにもかかわらず、誤った先入観で国産が絶対においしいと思い込むことは危険であり、偏見のひと言に尽きます。

国産品を使っていることが、おいしいということにはまったくつながらないのです。

●「外国産のほうがおいしい」

さて、「国産＝おいしい」という先入観があると同時に、不思議なことに、日本人には、これとまったく逆の先入観があります。たとえば、ワインです。今まで僕は相当な数の日本人から次のような質問をされてきました。

「田崎さん、日本のワインはどうですか」

どうですかって、どんな答えを期待しての質問なんですかと、逆に聞いてみたくなります。

この質問の根底にあるのは、「日本産のワインはおいしくない。フランス産のワインのほうが絶対においしい」という思い込みです。

これもおかしなことです。来日した世界中のワイン関係者から、「田崎さん、日本のワインはどうですか」というような曖昧《あいまい》な質問をされたことは、一度もありません。もちろん海外のソムリエやワイン生産者ばかりではなく、日本のワインを飲んでみたいという旅行者やビジネスマンは多くいます。そうした彼らの質問は、もっと具体的であり、個別的です。「日本のワインのなかで、どれをすすめるか」とか、「ワイン産地としては、どこが有名であるか」「寿司に合うワインはどれか」というような ことを聞かれたことはありますが、「日本のワインはどうですか」というような漠然とした質問は受けたことがありません。

同様にチーズもそうです。外国産のチーズが絶対においしく、日本のチーズはおいしくない。フォワ・グラもフランス産がおいしく、日本産はおいしくない……。どうですか。あなたにもこういった先入観がありませんでしたか。

この先入観は、本来のおいしさを判断するうえで、大きな障害となり、これがある限り、正しい判断はできません。

ついでにいうと、日本で評価されなかったものが海外で評価されるや、国内での評価も高くなるという例が多くあります。ある有名なフランスのソムリエは、日本の山梨の甲州《こうしゅう》ブドウを使った白ワインを自分のレストランのワインリストに載せています。こういう事例とか、ある有名な外国のワイン評論家が日本のワインを高評価したりすると、それを聞いてはじめて、「日本のワインもおいしいのだ」と認識を新たにするのです。

味わいを表現するときには、表現する語彙《ごい》も大事ですが、その前に持つべきは、先入観ではなく、自分自身のモノサシだと思います。逆に言えば、自分自身のモノサシを持つまでは、「これは、あれよりおいしいはずだ」といった、先入観に基づいたイメージも一切捨ててしまうことです。

●「オーガニックの野菜だから、おいしい」

「オーガニック農法で作られた野菜だから、おいしい」、あるいは「一本釣りで釣った魚だから、おいしい」とか「古式の漁法にのっとったから、おいしい」というように、農法や漁法だけをおいしさの表現として使っている場合があります。これも、実際の「おいしい」とはまったく結びつきません。

とくに今は、オーガニックの野菜がおいしいものであると信じ込まれている風潮がなきにしもあらず。ここで誤解を解きたいと思います。

自宅の庭の一角で野菜を有機農法（Agriculture biologique）で作っているとしましょう。農薬を使わず、見よう見まねの有機肥料で作った自分の野菜と、スーパーに売られているような適度に化学肥料と適度に害虫駆除の農薬を使った野菜を料理人に食べ比べてもらったとしましょう。そうすると、素人が作ったオーガニック野菜よりは、確実においしいと評価するのは、プロが適度に必要なところで農薬や肥料を使って育てた野菜のほうではないかと思うのです。

何年も試行錯誤しながら、有機農法で野菜を作っているプロの農家なら、もちろん話は別です。しかし、野菜作りのキャリアが浅ければ浅いほど、オーガニックで育った野菜は概して「不健康野菜」であることが多いのです。つまり有機農法のひとつの盲点は、鶏糞《けいふん》などの有機肥料を過度に与えすぎると、野菜もメタボリック状態に陥《おちい》るということです。メタボリックになった野菜というのは急激に栄養過多になり、根はのびて水を過剰に吸いすぎて、水太りした風味の薄い野菜に育ちます。

風味のある野菜は、ミネラル分をきっちり含んだ土地に根をおろし、土に含まれるバランスのとれたミネラルによって、毛細根が発達し、水分を吸い上げながらじっくり育つことで生まれます。つまり過度な栄養を与えることは、人と同じように野菜がメタボリックで不健康に育つことを意味します。おいしい野菜の条件は、ただひとつ、健康に育っているということです。

ですから、素人の域を出ない人々が作ったオーガニック野菜がおいしいかどうかは、疑ってかかるべきでしょう。そこまで考慮せず、「オーガニック野菜＝おいしい」と思い込むのは危険です。もちろん、実際に野菜を食べてみて、正しい風味を評価できる感覚があれば、別ですが。

野菜だけではなく、ワインの世界にも、ビオ（ビオディナミ、ビオロジックの略）をセールストークに使う人がいます。しかし実際に、「ビオワイン＝おいしいワイン」ではありません。むしろ、ビオであることを強調している醸造元のワインは、あまりおいしくない類のワインであることが多いという、逆説的な前提から入ったほうがいいぐらいです。

ワインのおいしさというのは本来、恵まれた気候風土に適した栽培方法により、「土地の個性」（テロワール）を持った最上のブドウが収穫され、醸造家の知恵と技で、そのブドウならではの特性を引き出し、風土の素晴らしさを反映させた造り方をすることで生まれるものです。

ですから、ビオだからおいしいワインができるということではありません。料理に置き換えると、最高と評価される料理は、その素材選びにも妥協はなく、厳選されたものが使われます。決して、風味の乏しい野菜からは、素晴らしい料理を作ることはできません。その際の選ぶ基準は、有機農法であることを優先するのではなく、まず味や香りをみることが重要です。

また、最高のワインと同じブドウ品種を自分の庭に植え、有機農法で育てたからといって、決して同じレベルのワインができないのは言うまでもありません。それどころか、ブドウもできないでしょう。

「オーガニック＝おいしい」のイメージは、安心安全から来ているところもあります。したがって、ビオワインのなかには、酸化防止の目的で使用される亜硫酸（二酸化硫黄《いおう》）を使わずに造られているものもあります。しかし、素晴らしい出来のワインもある一方で、酸化が進みすぎてしまったワインも多く存在します。

余談ですが、酸化防止剤は、防腐剤ではなく、清涼飲料などに使われているビタミンC（アスコルビン酸）も酸化防止の目的で添加されていますし、また、ワインに使われる二酸化硫黄は、タマネギや卵黄などにも含まれている成分です。さらに、気化しやすい成分なので、ワインのボトルのなかで遊離の状態で含まれているものは、開栓後、グラスに注いだりする作業中にも気化していきます。また、その量は非常に少ないものですが、これのお陰で、バースデーヴィンテージ（生まれ年）のワインを六〇歳の誕生日にでも、〝おいしく〟味わえる要因のひとつになっています。

つまり、亜硫酸無添加をセールストークにしているワインも、「＝おいしいワイン」ではなく、安心安全に対する消費者の気持ちを利用した表現です。

ワインショップに行って、店員から、「このワインは、オーガニックだから、お勧めです」と言われるよりも、「このワイン、最高においしいですから、ぜひ味わってみてください」と言われたほうがよいのではありませんか。前者は、その店員が飲んでいなくても使えるトークですが、後者は、飲んで確認してから、自信を持って勧めているのです。

●「秘伝のタレを使っているので、おいしい」

焼き鳥屋やウナギ屋でよく使われる表現です。

たとえば、「曾祖父の時代から、注《つ》ぎ足し、注ぎ足しして使ってきた秘伝のタレ」とか「長年継承されてきた秘伝のタレを使った焼き鳥」という表現です。秘伝のタレがおいしさに結びつくかどうかは疑問です。

もちろんたとえば二〇年、三〇年と注ぎ足しすることで、うま味豊かなタレになっている場合もあるかもしれません。同時に、毎日新しいタレを作ったほうが素材によってはおいしい場合もあるのではないかと思います。

とくに、炭火焼の場合、炭で焼いた素材をつけダレにくぐらせることを繰り返し、長い歳月にわたって注ぎ足して使い続けるうちに、つけダレにうま味が移るかわりに焦げた香りもうつり、苦みも強くなっているはずです。もしくは、苦みを連想させる香りがついてしまうこともあります。もちろん名店や老舗《しにせ》として評判の高いところであればあるほど、新しいタレを注ぎ足しながらそのバランスを保って、現在にいたっているのでしょうが、すべての店で、そのバランスが保たれているかというと疑問に思います。

つまり、秘伝のタレがすべておいしいわけではなく、素材をおいしくする秘伝のタレもあると同時に、逆に素材の味をかえって殺してしまうような秘伝のタレもあるかもしれないということです。

もっというと、秘伝のタレの大もとがおいしくなければ、それを使いまわしている限り、ずっとおいしくないというわけです。

おでんにも、同様のことが言えます。

東京では、おでんの汁を注ぎ足し、注ぎ足ししているスタイル、つまり関西でいうところの、いわゆる「関東炊《だ》き」にも同じような表現を見かけることがあります。

関東風と関西風とで明らかに違うのは、おでんの汁の色です。関東風は注ぎ足しスタイルが主流のところは汁の色が黒っぽいですが、関西風はお澄《す》ましのような色です。なぜなら、関西風は、鰹節、昆布などを使ってひいた、その日の出汁《だし》で、おでん種を煮て、翌日はまた新しい出汁で、新しい種を煮るというスタイルだからです。

関東風のおでんの汁は、濃口《こいくち》醤油を多量に使っているわけではなく、翌日、その出汁に注ぎ足すうちに、素材に含まれていたアミノ酸と、みりんや砂糖などの糖類とが化合するアミノ－カルボニル反応が起こり、汁がだんだん黒く変化していくのです。言ってみれば、コーヒーの豆がローストされたときに黒くなる現象や、紹興酒《しょうこうしゅ》が熟成により赤黒く変化したり、醤油や赤味噌の風味や色の変化などにも共通する反応です。

だから、関東風のおでんは、色が濃いわりには塩辛くはなく、逆に旨味が豊かなのでしょう。ただ、時間がたつにつれて、複雑な味わいが生じると同時に、苦みやこげ臭さが出てくることもあります。そのバランスをうまくとる料理人なら問題ないですが、そうではない店は、長く煮込んだ大根や豆腐が苦くなっていることが多く、注ぎ足しさえすれば、おいしいとは一概には言えません。

●「長い時間をかけているから、おいしい」

「長い時間をかける＝おいしい」とするのも、おかしな表現方法です。もちろん時間をかけて熟成させる場合、その熟成によって生まれたアミノ酸による旨味がおいしくさせる過程が理解できます。しかし、単純に時間軸だけを評価して表現している例のほうが実際には多いのです。

たとえば、「一週間かけて煮込んだソース」という表現はまさにその典型です。しかし、フランス料理でいうソースも、香味野菜や肉などさまざまな食材を入れて、かつては一週間も煮込んで出汁をとっていましたが、時間をかけてじっくり煮ることで、こくが出ると同時に苦みに代表される雑味も出てしまい、繊細な料理によけいな味を加えることになっていました。材料によって最適な時間を判断し、より科学的にソースを作るというのが、今のフランス料理の主流のやりかたです。ですから、「時間をかける＝おいしい」という考え方は今の時代の傾向と逆行していると言っていいのではないでしょうか。

「時間をかけて」は、ラーメン屋さんを紹介する番組や店紹介の記事でもよく見かける表現です。たとえば「三日間かけてじっくり仕込んだスープ」とは、グルメレポーターが好む紋切り型表現のひとつと言っていいでしょう。

しかし、僕がより重要だと思うのは、三日間かけることよりも、スープに使う材料のほうです。大きな寸胴《ずんどう》鍋に鶏を五羽しか入れずに三日間かけてスープをとる場合と、小さい鍋に鶏一〇羽を入れて短時間でスープをとる場合とでは、はるかに後者のほうが、豊かで、なおかつ洗練されたスープに仕上がります。

このラーメンのスープのとり方は、さきほどのフランス料理のブイヨンの場合と考え方は同様で、使う素材の質と量、そして水の分量と火加減が重要なわけです。科学の力を駆使することで、おいしいスープをとるために、そのプロセスがどうであったかが問題なのです。

それなのに、そんなことはおかまいなしに、スープをとっている時間だけをクローズアップしておいしいと勘違いしているわけです。

「うちの店では丸鶏を使ってスープを仕上げています」と店側が言ったとしても、

極端な場合、もしかすると、大量の水に鶏が三羽しか入っていなくて、しかもそれがラーメン二〇〇杯分だったりするかもしれません。そうなると、自宅で鶏一羽を使ってスープをとり、家族四人分のラーメンにして食べるという場合のほうが、まったくスープの味の豊かさが違うわけです。もちろんラーメン屋さんがこれと同じことをやろうとしたら、一杯千円を超す高級ラーメンになってしまう可能性があるので、そうはできませんが、これだけの違いがあるという、わかりやすい例として、あえて挙げてみました。

つまり、店から与えられた情報の裏には、どんなことがあるか。「与えられた情報=おいしい」と、鵜呑《うの》みにしてはいけないという、典型的な例です。自分のモノサシで冷静に判断することが大切です。

●「昔ながらの製法にこだわる」

こういった類の表現も多く見られるのですが、はなはだ疑わしいものです。

「昔ながらの製法」で作っていることが、「おいしい」と結びつくとは限りません。むしろ、その言葉の裏をかえすと、まったく進化なしとも受け取られかねない表現ではないでしょうか。店の提供するものに進化がなく、客のテイストが進化していけば、店の相対的な価値は退化していくことになります。

たとえば、グルメガイドブックの『ミシュラン』ならば、「進化なし」はマイナス評価となります。東京や大阪・京都でも『ミシュラン』が発売されていますが、日本以上に、本家のフランスでは、改定版が発売される時期はもう大変です。

星を初めて獲得した、あるいは星の数が増えたレストランは大喜びですが、星の数が減ったレストランは評価が落ちたということですから、当然、お客様が減ることになって、大騒ぎとなるのです。フランスでは、日本以上に、ミシュランの星の数がレストランの売り上げにかなり影響を及ぼしていますから。

ミシュランでは三つ星が最高位の格付けですが、この最高評価を得るためには並大抵の努力ではすみません。その主な評価基準は、料理の味やサービスのレベル、店の内装や設備などはもちろん、その店が三つ星にふさわしいかどうか、といった評価もあります。そして、最も大きな鍵を握っているのは、料理の「創造性」や「創作性」です。つまり、進化するための努力をしつづけているかが、大事な評価対象なのです。

ですから、三つ星を獲得し、栄光を手にするわけですが、しかしながら、その栄光に甘んじて、同じ料理を同じ考え方でずっと繰り返しつづけているだけでは、評価が確実に落ちていきます。三つ星を獲得したとき以上に、毎年、新しいテイストを創作しつづけなければいけません。そうしなければ、「この店は進化なし」と判断されてしまいます。

ミシュランは、日本のように老舗とか伝統という部分を評価対象とせずに、そういうバックグラウンドのまったくない若い料理人でも、クリエイティブな発想がずば抜けており、それを表現する技術がともなって素晴らしい料理を作りつづければ、きっちりと評価する姿勢を貫いているところが素晴らしいと思います。つまり料理人の長さの経験軸が評価対象ではないということ。料理人のバックグラウンドは本来、食べ手にとっては何も関係ないことで、目の前の料理がおいしければ、それは素直に評価するべきなのですから。料理の評価とは、本来はそうあるべきです。

ですから、「私どもの料理人は、どこそこの老舗ホテルで三〇年あまりの経験を積んでいますので」と店が言ったとしても、それに惑わされてはいけないということです。三〇年老舗にいて、長く経験や修業を積んだからといって、おいしい料理を作るとは限りません。

「経験＝時間の長さ＝おいしい料理を作る」――これは大きな誤解を生む図式です。

正しくは、「経験＝何をしてきたのか（もしくは素質と努力）＝おいしい料理ができる可能性あり」であるべきなのです。長さと努力はイコールではないのです。

［3］日本的なマイナス思考による表現

普段、何気なく使っている食べ物の表現に、実はとても日本的なマイナス思考が反映されているという実例をここでは紹介します。

●「クセがなくて、おいしい」

おいしさを表現するときに、「クセがなくて、おいしい」というふうに、いったん否定をすることで、おいしさを表現するという、非常に日本的なアプローチを用いる人がいます。

たとえば、テレビのグルメ番組を見ていると、レポーターが、モツ鍋を食べて「意外にクセがなく、おいしい」とか、鹿や鴨などのジビエ料理を食べて「意外にクセがなく、食べやすい」という類のコメントをするのを耳にしたことはありませんか。

しかしながら、よくよく考えてみてください。「意外にクセがない」というのは、実はとても失礼な話だと思うのです。なぜかというと、食べる前に「クセがあるにちがいない」という先入観を持って、その前提で食べてみたら、「思いのほか、食べられる味じゃないか」と言っているようなものだからです。

北海道では、ジンギスカン鍋がポピュラーな家庭の味のようですが、たとえばお呼ばれを受けたとしましょう。そのときに、「羊なのに、意外にクセがなくてやわらかくておいしいですね」と言ったとしましょう。しかし、これは、おもてなしをしてくれた人に失礼な話になります。自分のイメージのなかではクセがありそうだと思い込んでいた、もっと言うとクセがありそうだから、本当は食べるのがイヤだったのではないか。そう思われてもいたしかたない話になってしまいます。

ましてや「羊なのに、意外にクセがなくてやわらかくておいしい。まるで牛肉みたいですね」などと自分では精いっぱい褒《ほ》めたつもりが、もてなした側からすれば、おいしい羊をご馳走《ちそう》したつもりだったのに、「牛肉みたい」と言われると、なんのために苦労して、おいしい羊を用意したかとなり、僕ならガックリきます。

また、デザートを食べてからの表現によく使われるのが、「このケーキ甘すぎなくて、おいしいです」。なんと淋しいコメントでしょうか。批判する気力も失われるほどです。そのデザートに使われている素材の風味や、パティシエの苦労、創意工夫に関する評価は何も入っておらず、単に砂糖の分量だけのコメントです。もしかすると、甘いものが嫌いなのかな、とさえ思ってしまいます。

●「食べやすい」「飲みやすい」

「クセがない」「甘すぎない」と似たような表現ですが、「食べやすい」「飲みやすい」は、もはや日常生活に欠かせない言葉として、一種の〝風格〟すら漂わせています。しかし、おいしさを表現する用語として、「食べやすい」「飲みやすい」を使うのは、日本人ぐらいかもしれません。実際に英語やフランス語ではほとんど出会わない表現ですから、やはりきわめて日本的な表現と言えるのではないでしょうか。

たとえば、フランスのブルゴーニュのワイナリーを訪問したとしましょう。そこで、訪問先のワイン生産者から「うちのワインはいかがですか」と聞かれたときに、「飲みやすいですね」と答えてしまう日本の愛好家が結構いるのは事実です。しかしながら、この感想に満足するワイン生産者はおそらく皆無でしょう。僕はこれは禁句ではないかとすら思っています。

なぜならば、生産者たちは飲みやすいワインを造りたいとは決して思っていないからです。造り手によって、ワイン造りの主義や思想には違いがありますが、大方の醸造家は、土地の個性（テロワール）を反映したもの、あるいはそのブドウ品種らしさが表現されたもの、あるいはその年の特徴が現われたもの、あるいは自分らしさがしっかりと発揮されたものを造りたいという志《こころざし》があるからこそ、ワインを造っているわけです。ですから、そういう人たちに向かって、「飲みやすいですね」のひと言で済ませてしまうのは、その存在価値を否定することになると思うのです。

しかし、この「飲みやすい」という表現に、日本人は慣れすぎているのが現実で、頭からおかしいなどとは思っていないはずです。

たとえば、日本酒の世界でも、「飲みやすくていいですね」という表現が頻繁に使われます。本来は独特の個性が魅力のはずの芋焼酎にさえも、「クセがなくていいですね。飲みやすくて」という具合に使っている焼酎ファンもいるぐらいですから。

そういう傾向に対して、日本酒も焼酎も生産者たちは「飲みやすい」と言われても、それを否定的な表現とは、まったく受けとめていないようです。ここが海外のワイン生産者とは明らかに違う点といっていいでしょう。

この「飲みやすい」をもう少し日本酒の世界で考えてみましょう。「飲みやすい日本酒」を目指して、日本酒を造ろうとした場合、どんなお酒になるかを想像してみるとわかりやすいかと思います。つまりそれは、極端にいうと、ミネラルウォーターに若干のアルコールと少しの糖分、これにさわやかさを感じる香料をわずかに加えたもの、それが最も飲みやすいお酒になり得ます。刺激が皆無で、限りなく水に近い味わいのものが、一番スムーズで飲みやすいお酒といえるでしょう。げんに「湧水のように飲みやすい酒ですね」のような表現も使われているのですから。

一方、「食べやすいもの」を想像してみましょう。万人にとって「食べやすいもの」を突きつめていくと、刺激がなく、スムーズに喉《のど》を通り、なおかつ噛《か》まなくてもいいもの、つまりは、「無味無臭」「無刺激」「無感触」が最も食べやすいものと言えるのではないでしょうか。たとえば、全がゆのようなものに限りなく近づいたものと言ってもいいかもしれません。

こう考えると、「飲みやすい」「食べやすい」は、本来のおいしさとは結びつかず、無個性の平凡なものであり、むしろ、本来のおいしさのあり方・食の愉《たの》しみからは逆行している表現だと思います。

●日本的なマイナス思考の背景にあるもの

「クセがなくて、おいしい」という表現は、「否定をして肯定する」という、実に日本的な思考法ですが、その根底にあるものは、学校などでの採点方法である「減点法」の影響ではないかと僕は思っています。

たとえば学校の試験問題を考えてみましょう。学校の先生たちは、満点を一〇〇点とした問題を作ります。しかも基本的には、明らかに答えがひとつしか出ないような問題ばかりを出題します。そして一〇〇点満点から、間違った答えを減点した点数がその生徒の評価になるというスタイルです。答えが二つ以上想定される出題をした先生は、責任問題になります。

ところが、たとえばフランスの小学校は違います。実は僕の娘がフランスの学校を卒業していることもあり、強くそれを実感しています。

フランスの学校では、日本のように答えがひとつしかないような選択問題ではなく、文章形式の試験が多いのが大きな違いです。ですから、模範解答をある程度は想定していても、もしも生徒の答えのほうが優れていると先生が判断したら、その問題が仮に五点満点設定であっても、六点とか七点をつけるのです。つまり上限を定めることなく、加点法で採点していきます。

結果、その試験の合計点数が、二一点になったり二二点になったりという具合に、二〇点満点に縛《しば》られることはありません。

日本の減点法とはまるで異なる考え方です。

この日本の減点法が、味覚の評価にも大きな影響を与えている例が、実はあります。毎年開かれている日本酒の全国新酒鑑評会です。やはり一〇〇点満点を任意にもうけて、減点の少ないものに金賞を与えていくやりかたです。

この全国新酒鑑評会の主催者は、かつての大蔵省国税庁の醸造試験所、今は独立行政法人の酒類総合研究所です。なぜこの全国新酒鑑評会が生まれたかというと、もともとは日本酒の品質向上と、杜氏《とうじ》たちの醸造技術向上のためでした。

その当初の目的は大変素晴らしく、この鑑評会が、蔵元同士、互いに切磋琢磨《せっさたくま》するきっかけとなり、そして金賞を与えるというやりかたが杜氏たちを発奮させ、同時に自分の酒造りが金賞というわかりやすい形で認められることで、ずいぶん励みになったと思います。

しかし、残念なことに、歳月の流れのなかで、この鑑評会で金賞を受賞するために、全国の日本酒の味わいが画一化される傾向に陥《おちい》ったという、マイナス面があります。

あくまでも一〇〇点という酒を任意で設定し、そこから減点していく減点法での鑑評会ですから、その一〇〇点満点に想定している酒のタイプが、飲む人のさまざまな好みなどとは無関係に決まってしまいます。

そして、各蔵元の独自の個性よりも、「あるタイプ」を理想として、そこに重点をおいた審査がなされていることがわかったのです。つまり、減点のないものですから、言い換えると、無味無臭の水に近いものでもよいのかということです。少しでも異臭と感じるもの、苦みがちょっと強い、あるいは甘みが強いとなるとそれが減点対象になります。ただ、実際にはそれこそがその土地の個性あるいはその蔵元の個性なわけです。

その個性を減点対象とするか、加点対象とするかで、酒のあり方は大きく違ってきます。

こうした鑑評会の審査基準の影響も、全国の日本酒の味わいが画一化されることになった要因のひとつだといえます。

では、なぜ飲みやすい酒をよしとしたのか。その理由は、これは僕個人の解釈ですが、主催者の国税庁の立場として、「酒をたくさん飲んでもらったほうが多く税金をとれる」という考え方がベースにあったのではないかと思うのです。

土地の個性を重視した酒よりも、水のようにだれもがグイグイ飲みやすい酒質にすることで、酒が売れ、酒販店の回転も速くなり、蔵元がどんどん出荷できます。ということは国税庁としては、酒の消費量が増えれば増えるほど、税金をたくさん徴収できるという図式になるわけです。

もうひとつ、「飲みやすい酒」に関連した日本酒特有の問題として、「純米酒信仰」があります。日本酒は、級別の廃止以降、精米歩合や醸造方法の違いによっていくつかのタイプに分類されます。

米と米麹《こうじ》と水だけ（厳密に言えば、酵母や乳酸菌なども加わる）を使って仕込んだ酒が、「純米酒」です。そのなかで、とくに米の精米歩合が六〇％以下のものを「純米吟醸」や「特別純米」と分類し、さらに五〇％以下としたものには、「純米大吟醸」の呼称が認められます。

その一方で、米と米麹、水のほかに、醸造用アルコール（使用する白米の重量に比して、その一〇％以下まで）を加えた酒である「本醸造」が存在します。しかし、この本醸造の醸造方法は、日本酒造りにおける伝統的な技法なのです。

純米酒の信仰者は、本醸造に対して、〝アル添〟（アルコール添加）という、明らかにネガティブな表現を用いることで、一段低いもののように扱っています。これは、たいへん残念なことです。

戦後、〝三増酒《さんぞう》〟（現在は普通酒）と呼ばれて、醸造用アルコール以外に醸造用の糖類や酸類などを加え、できるだけ少ない量の米でも仕込めるようにして粗製された酒が造られました。こういったものへのイメージの悪さ（実際には良い酒も多くありま す）が、純米酒信仰を支えているのかもしれません。「純米酒は悪酔いしないから」

というようなことを言い出す人もいます。

しかし、本格的な製法で造られた本醸造酒は、味の豊かな純米酒に対して、むしろすっきりとした味わいの印象を与えるものが多く、とくに火落菌《ひおち》（乳酸菌）の繁殖を抑えたり、芳香の安定性が高いなどの利点があります。この利点を活かし造られる大吟醸は、香り豊かでシャープな味わいを備えたものになり、鑑評会で金賞を獲得する酒のほとんどが、この本醸造タイプです。

純米酒より本醸造酒が一段低いというようなことはまったく言えませんし、純米酒と本醸造はあくまでもタイプの違いなのです。先入観は、正しい判断を誤らせる最大の要因です。

また、日本酒にも複雑な香味を有し、風味が豊かになった古酒《こしゅ》（長期熟成酒）があります。飲みやすい酒の対極にあるタイプです。料理などによっては、非常にうまい酒です。

従来、日本酒は、郷土色豊かな飲み物であったはずです。日本酒の醸造責任者である杜氏、たとえば、南部《なんぶ》杜氏、越後《えちご》杜氏、丹後《たんご》杜氏、能登《のと》杜氏などと呼ばれていることからもわかるように、日本のそれぞれの地域性を生かして、その土地ならではの日本酒造りが継承されてきました。日本酒の基本は、その土地の水を使い、その土地の気候風土に合った造り方をして、それぞれの日本酒の個性として楽しまれてきたのでした。それと同時に、その土地の酒に合う酒肴《さかな》も、育まれてきました。

ところが、日本酒の味が、土地や風土の個性を失い、全国的に画一化される傾向になると、伝統の味を守ってきた酒肴に合わなくなってきているのも事実です。

ただ、現在は、鑑評会の基準も少しずつ変わってきており、また、引き続き、技術向上を目的としたものに向かっていることは、評価に値すると思います。

勘違いしてはならないのが、こうして評価された金賞受賞酒が、〝最高の日本酒〟ではないということです。最高の酒は、減点評価で生まれたものではなく、あくまでも飲む人の好みによって、その人が決めるものではないでしょうか。つまり、最高の酒は、無限に存在するのです。

第二章　味わいを言葉にして表現する

●ソムリエは、なぜワインの味わいを記憶するのか

日々の暮らしのなかで、職業ではなく、単に食べる、飲むということでしたら、「おいしい」「おいしくない」という二つの表現だけで済ませていいと思います。もしもそこで、その料理を作った人もしくはだれかに、自分のプラスの感想をよりストレートに伝えようとするのであれば、「とてもおいしいです！」でいいわけです。詳しい感想を求められているというわけではないのですから、聞かれてもいないのに、味のコメントを言う必要はありません。

では、なぜソムリエが、ワインの色、香り、味わいを言葉にして表現するかというと、自分自身が感じたことを言葉に置き換えることで、そのワインの特徴を記憶するためです。自分の感覚でとらえたことを言葉にすることで、記憶に刻むツールとしているということです。

ソムリエがワインの味わいを記憶するのは何も、お客様の前で、吟遊詩人のごとく、ワインを文学的に表現するためではありません。

その目的は、まず、ワインの価値を判断するためです。今、自分の目の前にあるワインを知るためには、他のワインと比較する方法が理想的です。しかし、一本のワインの価値を判断するたびに、いつも同時に複数のワインを開けることはできません。そこで、世界中に存在するたくさんのワインのなかで、いったいどんな位置づけにあるかを判断するために必要となるのが〝味わいの記憶〟なのです。

ワインをテイスティングし、それらの香りや味わいを克明に記憶することができるとすれば、わざわざ複数のワインを開けることなく、頭のなかで過去味わったすべてのワインと比較することができます。その結果、一本のワインを味わいながら、「このワインは、テロワール（あるいは品種）の個性がはっきりとしている」とか、「このワインの質からすると、この仕入れ値は安い（高い）」などの位置づけができます。この価値判断ができるということは、ソムリエの職業において非常に重要なことです。

次に、ソムリエは自分でワインを造っているわけではなく、店のためにワインを仕入れ、保存、熟成などの管理をし、お客様にサービスするのが職務です。その際、いくらで仕入れ、価格は適正であるかを判断し、どのぐらいの期間をかけてワインセラーで熟成させ、いつ、どのようなお客様にどんな料理とどのぐらいの値段でおすすめして喜んでもらえるか……そういうワインの歩む道筋を考える必要があります。

そして、料理との相性を提案したり、また、お客様にワインの味わいを言葉で伝えたりするためにも、記憶が大切なツールとなります。

その価値判断は、すべて主観的なテイスティング能力にかかっています。まず、人の試飲データではなく、自分自身の感覚で感じることから始まります。そして、自分の五感だけを頼りに、感じたことを言語化し、ワインを判断しなければなりません。

●香りや味の記憶は、機械化・デジタル化できない

こう書くと、これほどIT化が進んだ現代社会にあって、五感を使って記憶するというアナログ的なやり方をしないで、たとえば、パソコンにいったんデータを入力して、そこから検索するほうが正確で便利なのではないかという意見が出てくるかもし

れません。

ワインを試飲するときに、色、香り、味などについて自分で感じたことを一定のフォーマットにインプットしていくという方式をとったとしましょう。しかし、あるワインをブラインド・テイスティングして、その銘柄が何であるかを探しだそうとするときに、色、香り、味を入力して、過去に試飲して入力したデータと照合して、一致するものを検索したとしても、その銘柄を判明させることは現実にはかなり難しいと思います。

ましてや一〇年前に試飲したワインはその当時と今とでは、一〇年の歳月の流れにより、同じワインでありながら、相当熟成が進んでいるし、自分自身の感覚も違っています。

また、同じ銘柄であっても、気候も醸造方法も変化しているという状況のなかで、五年前のヴィンテージと、今現在のヴィンテージのワインとでは、今、目の前にあるヴィンテージのワインが、五年前のヴィンテージのデータと一致するようなことには、ほとんど行きつかないはずです。

このようにどんなケースにおいても、いくら詳細なデータを入力して、照合しようとしてもピタリと一致するものを探すことはかなり困難なことです。もし可能であるとしても、最新の機器で分析した結果を含め、より的確な資料をもとに、膨大《ぼうだい》なサンプルが必要となり、また、更新作業だけを考えても、想像することさえできないほどの時間を要するでしょう。

たとえば、ワインの香りを、ガスクロマトグラフという分析機器にかけて成分測定したものと、人間の嗅覚のセンサーで感じたものを比較して、共通した香りを見いだすことはできますが、すべてではないはずです。

人間の嗅覚センサーと機械のそれとの違いは、こうです。

試飲した白ワインの香りの中に青リンゴの香りを感じたとします。一方、同じその白ワインを機械にかけて分析測定した場合、すぐさま青リンゴの香りと判定できるわけではなく、リンゴにもある特徴的な香りのいくつかの成分と「青」に通じる別の成分が表示されます。

機械ではさまざまな香りの成分が抽出されますが、それが複合的に組み合わさることによりどんな香りになるか、その判断が機械ではできません。機械ができるのは、「酢酸イソアミル（バナナのような香り）である」といったような成分分析であって、実際のバナナにも、多くの芳香成分が含まれていますから、人間のように、香りを嗅《か》いで瞬時のうちに、これはバナナ、これはパイナップル、蜂蜜……という具合に判断できないのです。

さらに、ワインの香りはグラスを回して酸化が進むにつれて、変化していきます。少し回した場合と、さらに回し続けていった場合、香りはどんどん変わっていきます。しかし、機械にはそういった判断はできません。また、熟成による香りの成分は、いまだわかっていないものがたくさんあります。

味わいも同様です。人間の口中全体には多くの味蕾《みらい》が点在し、味わいを順次キャッチしていきます。しかも、口元から喉の近くまでワインが通過していく間に時間差があり、味わいの変化を感じているわけです。

たとえば、口に含んだ第一印象のまろやかな甘味を感じ、広がりにはシャープな印象を与える酸味をともない、後味には、心地よい苦味と、塩味に似たミネラル感が残ります。

　このような判断は、機械の味覚センサーにはできません。機械で五つの味を同時に分析測定し、マトリックス化された平面図に、酸味がこのレベルで、苦味がこのあたりと表示はできたとしても、人間の感覚とは多少のズレがあるはずです。というのは、たとえば機械は甘味、酸味、苦味、塩味、旨味、それぞれを同時にチェックし、マトリックスに表現するのですが、人間の感覚は味の全体のバランスで感じるからです。甘味を強く感じると苦味や酸味がマスキングされる（包み隠される）し、酸味が強いと甘味がマスキングされ、酸味は苦味を増長させますが、塩味は柔らかく感じさせます。

　また、人の感覚は、温度差によって、温度がある程度高いと、甘味をより強く感じることから、苦味や渋み、酸味などがマスキングされ、逆に、低くすると、甘味の度合いが低下するため、酸味などがより目立つなどの違いがわかるのも、人間ならではです。

　機械と人間の感覚にズレがある以上、機械のデータは人の日常の食卓にとってあまり意味のないものになります。なぜならば、そこでのワインは、飲むためのものなのですから、人間の感覚を優先すべきだと思います。

●感覚を言語として記憶する

では次に、言葉に置き換えて記憶したことと、ワインの試飲との関係を考えてみましょう。

ワインをあまり飲んだ経験のない人に、二種類の赤ワインを目の前に出したとします。一方はボルドーで、もう片方がブルゴーニュとしましょう。一般的な嗅覚、味覚の持ち主であれば、その二種類の赤ワインが違う種類のものだとはわかります。

しかしながら、どういう違いがあるかを説明してくださいとなると、なかなか難しく、おそらくはそこで言葉につまるはずです。二種類を比較することで、風味の違いはたいていの人にはわかるわけですが、説明ができないというわけです。

そのときに、こちらから「どちらのワインが渋いですか」とか、「酸味はどちらに強く感じますか」という質問をすれば、多少の個人差はあったとしても、なんらかの形で答えられるでしょう。

　このように、実際にワインを開けてグラスに注いで比較をすることで、その違いはだれでもある程度は判断することができます。

　しかし、ソムリエの世界では、目の前にある一種類のワインの判断をしようとするときに、比較したほうがわかりやすいからといって、二本、三本とそのつど開けて試飲するわけにはいきません。もちろんそのようにすることもありますが、基本的には、目の前のワインと、自分の頭のなかにある過去に試飲したワインのすべての記憶と比較することがプロの能力となります。何万種か正確な数字はわかりませんが、膨大なデータ群と一瞬に照合してすみやかに価値判断します。

　それにより、このワインはこの地域でこの品種からして、この味わいであれば非常にレベルが高く、五千円ならばコストパフォーマンスが高いとか、あるいは反対に一万円では高すぎるとか、というように判断できるわけです。

　一種類のワインを飲みながら、記憶に残っている過去に試飲したデータと照合することで、はじめてブドウ品種の個性が顕著に出ているとか、バランスのいいワインだけれどもその産地の個性が少し薄いとか、さまざまな判断ができます。

ですから、最も便利で使えるツールは、ワインを試飲し、そのとき自分で感じた感覚を言語化して、それを自分の頭に記憶することなのです。

ついでながら、自分で試飲したワインの情報をパソコンに入れておくことが便利かどうかの話ですが、僕はかえって不便だと思います。レストランでワインを楽しむときに、試飲データをインプットしたパソコンを持ち歩かなければいけませんし、ワインを飲むたびに、そのつど検索してもー致するデータに近づくためには時間がかかり、また、今日はじめて食べる料理との相性は検索できないことになります。

それに、私たちソムリエにとっては、パソコンがどれだけコンパクト化しても、お客様の前で検索することはできません。お客様にすすめるための条件の優先順位は、上位から、予算、目的、好み、最後に料理との相性……といった順ですが、パソコンのデータはすべてが過去の集積でしかありません。でも実際にサービスをするお客様とは、つねに一期一会なのです。過去から、現在、未来を想像できなくてはなりません。そこが、プロのサービスにつながるのですから。

●言語化――コンピュータと同じことを頭のなかでしている

コンピュータなら、膨大なデータがあるからこそいつでも検索でき、自在に処理することができます。その膨大なデータというのは、記号によってデータ処理されていて、それと同じようなことが人間の頭脳でできればたくさんのことを記憶できて、いつでも引き出すことができるということになるわけです。

ワインの試飲はこれに近いことをやっていると思っていただければ、わかりやすいでしょうか。

そのために、これまで述べてきたように、最も手っ取り早く、簡単な方法が、感じた感覚を言語に置き換え、整理をしながら記憶をすることになります。

たとえば英語を覚えるときに、リピートしながら言葉を覚えていくという方法があります。言語を覚える方法として、聴覚で覚えるという方法がリピートしやすいツールと思われがちですが、これはかなり能力に個人差があります。その点、聴覚だけに頼らず、書きながら覚えるほうがより効果を発揮したという経験はありませんか。

僕はとくにそうですが、何かの文章や文字などを記憶しなければならないとき、一番確実に記憶に残るのは一度書いて、それを読む方法です。

つまり覚えなくてはいけないことを、書くことにより確認しながら（つまり記憶を意識しながら）視覚で記憶し、それを発声してリピートしながら聴覚を併用するからこそ覚えることができると感じています。

実際に、ソムリエコンクールの世界大会に挑戦するときに、筆記試験のために何冊ものノートを作りました。

世界中のワインについて、ブドウ栽培やワイン醸造について、ワイン以外の他の飲み物、カクテル、世界の伝統的な食とワインなどの相性、葉巻やコーヒー、お茶、ミネラルウォーターなどについてまで、膨大な資料集めから始め、それらをノートにまとめていきました。

そして、次にそのノートを見ずに同じことを別の紙に書き写していきます。途中で詰まったら、一度ノートを確認し、再度完全に書き写せるまで何回も繰り返します。こうして、覚えていきました。

このように、本を読んで内容を覚え、さらにその内容を人生に応用するためには、言語の意味を理解していないと不可能です。英語を話せない子供が、英語の歌をかなり正確な発音で復唱できても、意味がわかっていないので、応用はできません。自在に応用するためには、意味の裏付けのある言語で記憶する必要があります。

言語化するということは、記憶を整理しやすいツールに変え、意味づけをすることで、より正確なものにして、そして瞬時に呼び起こすことで、自在に応用できるようにするための最適な方法だと僕は思っています。

ずっと以前、あるテレビ番組の企画で、脳の働きとテイスティングの関連をテーマに、僕自身が実験台になったことがあります。残念ながら放映にはなりませんでしたが、脳の働きを観察するために、頭に脳波を検査する器具をびっしりつけられて、テレビカメラが回る中で、一種類のワイングラスを渡され、「そのワインが何かを当てる」というものでした。

ちょうどソムリエコンクールの世界大会で優勝した直後であり、テレビカメラの前ですから、絶対当てなければ恥ずかしいと思って真剣に考えました。ソムリエコンクールのブラインド・テイスティング同様、色、香り、味を言葉で表現しながら、最終的にはブドウ品種、産地、収穫年、銘柄を当てていくというものです。

その実験では、とくに香りを嗅いでいるときの脳波を中心に測りましたが、同じワインについて、一般のワインファンと、僕の脳波の比較をしました。

通常は嗅覚や味覚を感じながら飲もうというときは、「音楽や図形など言語以外の認識を行うと考えられている」（『大辞林』）右脳が活動します。ところが僕の場合は、右脳はほとんど働いておらず、「言語・文字などの情報の処理を行っている」（『大辞林』）左脳のほうが活発に働いていたということが、この実験でわかりました。

つまり、香りを嗅いだ瞬間から、右脳を経由せずに、直接左脳で、すでに言語化している香りや味わいの表現を使って分析しているのです。そして、分析した結果を記憶されているデータに照合し、必要な答えを導き出していたのです。

●ワインの分析は共有できる言葉を使うこと

ソムリエは、左脳でワインを「味わって」いることがわかりました。

言語に置き換えることで記憶をし、自分の試飲データを頭のなかで整理する。目の前にワインが出されたとき、瞬時にして、過去の試飲した集積データと比較し、検証する。それを新たなデータとして積み重ねる……これがソムリエのワインの分析法です。ですから、ソムリエコンクールのブラインド・テイスティングも、自分の頭に記憶されたデータを検索し、どんなワインなのかを想像、推測していくわけです。

色、香り、味と……順次、言葉にして表現しながら推測を重ねていくわけですが、そのときにとても重要なことがあります。その表現された言葉は、どんな国のソムリエとの間であろうと、理解しあえる表現であるかということです。つまり、共通認識が必要になります。たとえば、白ワインを試飲したときに、香りを嗅いでグアヴァの香りがすると表現をすることで、それは、「ニュージーランド、マールボロー地区産のソーヴィニヨン・ブラン種に見られる香りである」とか、「熟したパイナップルと干しアンズ、蜂蜜の組み合わせは貴腐《きふ》ワインの特徴である」などのように、共通の言語として認識されるわけです。

だからこそ、文字で表現することによって、ほかの人が、それを実際に飲まなくても、文字を読むだけで、どのような味わいであるかを想像できるのです。また、ゆえに、コンクールのブラインド・テイスティングの審査を公正に行なうことができるのです。

そこで、日本独特の、たとえば樟脳《しょうのう》の香りとか、蚊取り線香の香り、梅干しの香りとかいっても、日本人ならば理解できるかもしれませんが、海外のソムリエたちにはまったく理解できないので、これらは、共通認識とはなりえません。たとえば、日本では、ピノ・ノワールの香りを「小梅《こうめ》みたいな香り」と表現する人が、ときどきいますが、この表現も同じように非常に不正確です。小梅とは、梅の品種（または園芸変種の総称）であり、その生の小梅にはピノ・ノワールに見られる香りはありません。ピノ・ノワールの香りを正確に表現するとしたら、「紫蘇《しそ》に漬けた小梅の香り」となります。しかし、この表現は日本人にしか通用せず、海外のワイン関係者には、それがどんな香りを表わしているのか、まったく通じないのです。

英語を話していて、単語がわからないものを日本語でそのまま表現しても、通じないのと同じです。意味が通じない言葉だけでなく、人によって、認識している意味が曖昧で、ズレのある言葉も用いることができません。第一章で検証した「こくのある」「まったりした」といった言葉もそうです。「よく使っているけど、本当はどういう意味なのか」と、ほとんどの人が思っているような言葉は、使えないのです。

よくソムリエは、言葉を自由自在に並べて表現していると言われますが、それはけっして自分の感じたオリジナルな言葉によって表現しているのではありません。ブラインド・テイスティングであれば、そのワインを言い当てるために、審査員たちと共有できる単語を述べています。ここが重要なのです。これはソムリエの世界に限らず、どんな場面でも、感覚を相手と共有し、共感するためには、互いに理解できる言葉で表現し合わないとまったく意味をなさないことになるわけです。

ちなみに、最近、「ボリューミー」という言葉をテレビなどでグルメレポーターの方が頻繁に使っているようですが、この言葉は表現する人によってさまざまに使われているので、なかなか共通認識にはならないと思います。つまり、「ボリューミー」を「量の豊富さ」という意味で表現している人もいるし、「味のボリューム（濃さ）」として表現している人もいるからです。

ただ、ワインでは「ボリューム感」という表現があり、これは共有できています。一般にこの単語は、ワインのアルコール度数が高く、口中に含んだ瞬間、アルコールからくる触感的な熱のような印象と、アルコールがもたらす感覚的な甘味度合いの豊かさの広がりがある場合、「このワインにはボリューム感がある」と表現すると、ソムリエ同士は何を意味しているのかよく理解できます。ちなみに、「フルボディ」という言葉を使う人もいますが、こちらもボリューム感をともなっていて、口中での広がりを人の体形（ボディ）に当てはめた表現方法です。

このように、ワインを表現するうえで使う言葉は、自分だけがわかる表現ではなく、複数の人と意味を共有することが大事ということになります。自分以外の人と意味を共有するためには、なぜその表現を使うのか、その理由を明確に言えることがとても大切なことです。そして理由を伝え、相手が納得し、認めてもらうことではじめてその表現を共有できるのです。ですから、それは日本語であろうと、フランス語であろうと同じことです。フランス語を日本語に訳しても、その意味が互いに理解できなければ意味がないということです。

一方で、どんなジャンルの世界にも、その世界でしか使わないオリジナルな表現や語彙が存在すると思います。ＩＴ業界で使う専門用語であったり、車のメーカーでしか使わない用語だったりしますが、その世界にいる人々にとっては、何を意味するかわかっているという類のものです。

ワインを表現する言葉のなかにも、日本人にはなかなか理解できないような言葉がたくさんあります。たとえば、グロゼイユ（赤フサスグリ。英名はレッドカラント）やフレーズ・デ・ボワ（野生イチゴ）などのような、日本の果物屋さんではあまり扱っていないものです。しかし、それはフランス人のソムリエの間だけの共通の理解ではなく、世界中のソムリエが共通理解するべきものですから、プロならば勉強しなくてはなりません。でも、日本人のお客様に対してそのワインの味わいを説明するときは、その方にわかりやすい言葉を選んで言い換えるのは、言うまでもありません。

●はじめて香りを意識する

僕がはじめて「香り」を意識したのは、日本ではなく、実はフランスでした。少し、僕自身の「香り体験」を披露しましょう。

僕は一九歳のとき（一九七七年）、はじめてフランスへ渡りました。ブルゴーニュやボルドーなどのワイン産地に長期間滞在し、ブドウ畑を自分の足で歩いて見て回るという経験をしました。ワインの本はかなり読みこんでいたので、頭のなかにはブドウ畑の地図が入ってはいたものの、実際に自分の目で確かめたいということで、お金を貯めてフランスへ渡りました。そして二〇代前半にパリのワインスクールへ入学し、そこではじめて、ワインの香りを嗅ぐという行為を本格的に意識するようになったのです。

渡仏前までは東京の高級フランス料理店でソムリエ見習いのようなことをしていました。ただし、その頃の一般のレストランではビールやウイスキーを飲む方々に混ざって、一部のテーブルでワインが飲まれていた程度で、日本人にとってワインのイメージは敷居が高く、身近な存在ではありませんでした。それでも当時、働いていたレストランには、ワインを飲むお客様が比較的多く、チャンスがあればお客様の飲み残しのワインを少し口に含んでみては味を覚えるということをしていました。自分でワインを買って試飲をするには、経済的にも時間的にも（年齢的にも）まったく余裕がなく、給料が入ってても、ワインの瓶《びん》ではなくワインや料理の本につぎこんでいましたから、それが当時の僕とワインの付き合いかたでした。

そういう状況でしたから、ワインの味見のチャンスは非常に貴重で、味を見るときは真剣でした。しかしながら、その頃はワインの香りの重要性にはまったく気がついておらず、集中して香りを嗅ぐということはせずに、ワインを口に含んで、すっぱいとか甘いとか渋いとか、そういった味覚でしかワインを感じていなかったと思います。

ところが、パリのワインスクールに通ったことで、ワインの香りを嗅ぐことを知りました。そのワインスクールでは、フランス人のソムリエ見習いたちも生徒として授業を受けていました。

ただ、当時の学校で受けた授業を思い起こすと、今に比べて、香りに関しての語彙《ごい》はかなり乏《とぼ》しい内容でした。花の香りがする、フルーツの香りがする、スパイスの香りがする、ハーブの香りがする……せいぜいこの程度で、テイスティングシートには、欠点を指摘するような表現方法も記載されていました。個性的な香りの一部が、欠点として扱われていたのです。

まさに、日本酒の全国新酒鑑評会で用いられるのと同じ減点法をベースにして、減点理由を表現する言葉を使用していました。当時のフランスでも、評価のイニシアティブをとっていたのは、生産者や醸造家の使用しているコメントだったのでしょう。ソムリエが、飲む側の立場から創作していたものではなかったのです。生産者や醸造家にとって、日常のワインの試飲は、欠点をチェックすることも重要な作業ですから、日本酒の利き酒用語と同様に、ネガティブなコメントが多かったのでしょう。

ですから、当時のフランス人のソムリエのコメントも、どちらかというと味覚のコメントが優先で、香りの表現は、今のコメントからすると、ほとんどないに等しいと言っていいぐらい、簡単にふれる程度でした。長い歴史を持つワインの伝統国・フランス、香りを調合する香水の国フランスでも、ワインを「香る」ようになるのには、もう少しの時間が必要でした。これがわずか三〇年前の話です。

ましてや日本では、香りについてはほとんど無視に近い状態だったのは無理もありません。ですから、当時の日本でのワインのコメントは、たとえばボルドーの赤ワインに対しては、「このワインは色が濃く、香りが強く、ちょっと異臭が感じられ、アルコール度数が高く、渋みが強い」とか、その程度のレベルです。ほとんどが外観と味の違いのみで表現されていたように思います。こちらのほうが渋く感じるとか、酸を強く感じるとかといった比較コメントが主流の時代でした。

いずれにせよ、パリのワインスクールでは、表現方法は別として、ワインのテイスティングにとっての香りの重要性を学び、そこから僕自身も香りに興味を持つようになりました。こうして、少しずつ香りのボキャブラリーが増えていくうちに、漠然と単語で覚えるのではなく、もっときっちりと香りを体系化して、分類すべきではないかと考えるようになりました。当時のフランスのソムリエたちも、少しずつワインの香りの表現力の必要性に気づき始めた頃でしたので、この一九七〇年代後半あたりからが、今のソムリエのテイスティング・スタイルの基礎が作られはじめた時期だったのでしょう。

現在のスタイルで第一回の世界ソムリエコンクールが開かれたのも、一九八三年のことです（それまでは、一九六九年以降ヨーロッパ内の数カ国［一回目は四カ国］が参加するコンクールが三回開かれているだけでした。これを含めて、上記の第一回を第四回と表現することもあります）。

●香りを言語化していく

このように香りを分類することの大事さに気がついた僕は、それをするべく、次のようなプロセスを経ました。

まず、ワインに感じられる香りのカテゴリー分けから行ないました。

果実、花、ハーブ、スパイス、そして、土や枯葉、化学的な香り、異臭などの分類を記載するノートを作りました。

次に、ワインのサンプルをテイスティングしながら、感じる香りを各カテゴリー別に分類していきます。

たとえば、果実のジャンルであれば、香りを嗅ぎながら、知っている（記憶されている）香りを思い浮かべ、実際に嗅いでいる香りと照合していきます。そして、当てはまれば、〝香りのノート〟に記帳します。そして、次に花、そして、ハーブやスパイスと順に行ないます。

ところが、ここで最初につきあたる壁は、そもそも頭のなかに記憶されているバリエーションの乏しさに気づくことです。ワインの香りから、嗅いだことのない実物の香りを想像するわけにはいかないからです。

この問題をクリアにする方法は、実物の香りを嗅いで、経験を増やしていくことしかありません。

果物屋で果実の香りを嗅ぎ、時には購入して確認しました。とくに、赤ワインの表現によく使うベリー系の香りは、何度となくこの作業を実践しました。もちろん、花の香りも確認し、記憶します。それまで、花は外観のみで鑑賞していたのが、ワインのテイスティングによって、花を香りの対象物として感じるようになりました。

スパイスの実物もいろいろなものを購入しました。同じ容器に入っているスパイスを揃え、目をつむってから開封して香りを嗅ぎ、何のスパイスであるかを想像します。

ハーブについても、スパイスと同様の方法で香りを覚えていったり、ハーブ園に通ったりもしました。

〝香りのノート〟には、しだいに単語が増えていきました。

しかし、単語を増やすだけでは意味がありません。なぜならば、他のソムリエたちと共有できる言語とするための単語には、意味が必要なのです。表現に用いるための生きた語彙にしなくてはなりません。

続いて今度は、単語の意味付けの作業に入りました。

その作業方法は、まず、さまざまなワインの香りを比較しながら、共通した香りと異なる香りに分けます。そして、同じ品種のワインをテイスティングしながら見つかった同じ香りは、その品種の特性からくる香りである可能性が高くなります。また、同じ地区のワインに見つかる同じ系統の香りは、その土地の特性であることが考えられます。

異なる香りが見つかれば、それらは、醸造方法の違いなのか、または、土地の違いなのか、もしくは、品種が違うのか、あるいは、ヴィンテージ（収穫年）が違うのかを想像し、他の比較サンプルを試しながら、再び同タイプの香りを確認し、ある醸造方法による香りであるとか、あるタイプの木樽《きだる》の香りであるとか、特別な気候風土がもたらした特徴なのか、といったことを認識していきます。同じメーカーのワインでも同様です。

そして、このように意識をしながら、ワインから、そして、ワイン以外の多くの物の香りを嗅いでいるうちに、いつしか、嗅覚のレベルが高くなってきたことに気づきました。

さらに、香りの記憶もよりはっきりとしたものになり、ワインの比較テイスティングでは、毎回何本も開ける必要がなくなり、頭のなかにある過去の多くのワインと比較することができるようになってきました。

●嗅覚を意識したことで、子供時代の香りの記憶が蘇《よみがえ》った

嗅覚のレベルがだんだんと高まってきます。すると不思議なことに、子供の頃、自然環境のなかで遊んでいたときの香りの記憶がどんどん鮮明に蘇ってきました。

僕は東京生まれで、小学三年生までは、都心に住んでいました。周囲は川も海も森もなく、土も少なくアスファルトに囲まれていた生活でした。ただ、三歳の頃から毎年夏には奥多摩《おくたま》（東京西端の山間部）に泊まりがけでキャンプに行くのが家族の行事でした。日中は昆虫採集や釣りをして遊びました。飯盒《はんごう》で米を炊いて、釣ったニジマスを炭で焼いて食べるのもおいしく、何よりもキャンプで食べるごはんは楽しく大好きでした。そういう意味では、僕が、今の職を通して、「食とは、その素材を識《し》り、料理を創るプロセスからが食であり、食を愉《たの》しむということは、そのすべてについて愉しみ、感謝することである」と考えるところの原点は、こういった子供の頃のキャンプにあると言っていいかもしれません。

そして、都会に住んでいたからこそ、キャンプで体験した自然環境にとても興味を

持ったのかもしれません。そのひとつの現われが、昆虫に夢中になったことです。

幼稚園に通いはじめた頃から、時間があれば昆虫図鑑をずっと眺めながら記憶していました。小学校に入るとさらに昆虫に対する興味はエスカレートし、将来はファーブルのようになりたいと思っているような子供でした。

そんな子供が、小学校四年のときに移り住んだ神奈川県の相模原《さがみはら》は、すぐ近くに大きな森があり、小川が流れ、多くの昆虫が住み、まさに天国のようなところでした。一年中、学校から帰ると、近所の森に入って昆虫を追いかけていました。昆虫採集のためではなく、飼育しながら昆虫の生態を一年通して観察し、また、森のなかでも石をひっくり返したり、土を掘ったりして、自然の生態を観察するためです。

でも、中学生になると、昆虫への興味は、あっという間に、魚釣りなどほかのものへの興味へと変わっていきました。

そして、一〇年以上が経過したあるとき、突然、相模原で遊んでいた森の記憶が蘇ってきたのでした。ただ、それは、どちらかというと昆虫のことではなく、昆虫を追いかけていた森の空気の記憶でした。それも、枯葉や腐葉土、樹脂や木の実、新緑の葉や花の香り……。

たぶんワインの香りを嗅ぐことを意識し、分類しながら言語化し、記憶しているうちに、潜在意識のなかにあった森で感じていた香りの記憶までが言語化され、より鮮明に浮かんできたのだと思います。

僕は、まさに言語化が、新たな感覚を作り出し、過去に記憶した感覚を蘇らせるという経験をしていたのです。ですから、読者のみなさんも、「僕は、感性がないから」などと言ってあきらめることはありません。言語化を積み重ねていくことで、感覚も養われていくと思います。

香りとともに、そのときの情景もかなりリアルに蘇ってきました。どんなズボンをはいていたかさえ、ありありと思い出せました。そのとき、自分はひとりだったとか、友達と一緒だったとか、どんな虫を見つけていたのか、そして、その虫の臭いは……というように、次々と思い起こしていくことができたのです。

その時点では、香りのことはまったく意識していませんでした。でも自然に感じていたのでしょう。

●味わいを記憶するうえで嗅覚が鍵となる

このように、ものの味わいを記憶するうえで、嗅覚がとても大事な役割を果たしています。

以前、ある本で、嗅覚は人間の五感のなかで最も記憶に残りやすい感覚だと読んだことがあります。

たとえば、通りすがりに感じた香水やコロンの香りから、昔の恋人を思い出すというような経験があげられるでしょう。あるいは、何かのきっかけで、ふと子供の頃に嗅いだ母親の匂いを突然思い出すとか、子供の頃に食べた、味噌汁の香りをいまだに昨日のことのように覚えているとか、香りの記憶にまつわるエピソードはたくさんあります。

「デジャビュ」（直訳は「すでに見たもの」）という現象があります。専門家ではないので詳しくはわかりませんが、何かを見た瞬間、一度も経験していないはずなのに、「あっ、これは過去に出会っている」と感じる感覚（既視感）です。これは、潜在的な記憶にとどまっていることが、何かのはずみや、なんらかのタイミングで瞬間に復元されるもののような気がしています。そのきっかけが、視覚の記憶という人もいますが、僕の場合は、嗅覚の記憶も重要なのではないかと感じているのです。これはあのときに嗅いだ香りなのかな、と思い出すことが多いからです。

一般には、視覚、聴覚、触覚、味覚、嗅覚の順で、五感を用いている人が多いのではないでしょうか。

五感のうち、味覚や触覚の記憶は意外と曖昧であるのに対して、音楽や言語を記憶するために必要な聴覚は、作曲家や指揮者のように音を記憶する能力に優れている人も存在するように、かなり細かく分類して記憶できる感覚であり、また、視覚も同様に記憶に残りやすい感覚なのでしょう。それゆえに、日常的には、この視覚に頼りすぎていることが多く、結果として、ほかの感覚を用いて記憶をすることを、意識することさえ忘れてしまっている瞬間が多いような気がします。しかし、嗅覚で感じる香りもまだまだ多くを感じ、記憶することが可能なのです。

●育つ環境の大切さ——テレビゲームは大人になってから

人は、何かの機会に、ふと過去の嗅覚やそのほかの感覚の記憶と出会うことがあると書きました。これは、とても豊かな人生の経験です。しかし、過去にそういった記憶がまったくなければ、出会うこともできません。というわけで、子供の頃に五感を使って得た経験を記憶にとどめておくことは、とても大切なことです。

僕の場合、ワインの香りを嗅ぐことを意識していくなかで、子供の頃の情景が次々と蘇ったと書きました。今では、そういう環境を作ってくれた親に心から感謝しています。

そういう意味では、子供たちの五感を生かす場面をできるだけたくさん作ってあげられるかが重要になってきます。とくに三歳から一〇歳ぐらいまでの間に、子供にそういった環境を与えることは、親に課せられた任務ではないかとさえ思います。

山遊びや海遊びをまったくしていないよりは、一回でも経験していたほうがよいに決まっています。子供にしてみれば、一日中部屋にこもって、テレビゲーム三昧《ざんまい》のほうが楽しいと言うかもしれません。親にしてみれば、子供が一番楽しいと思うことをやらせてあげたいと考えるでしょうが、そうではないのです。

テレビゲームだけの世界では、ゲームの内容がどんなに進化しても、自然のなかで得た経験と同じものを得るのは無理な話です。こういう僕も、釣りのゲームをときどきしますが、かなり面白いのも事実です。とくに最近のものは、よくできています。

しかし、実際に釣りが趣味でもある僕にとっては、やはりリアルな釣りのほうが断然楽しく、ゲームはあくまでバーチャルな世界です。たとえば、池で釣りをして鯉を釣ったときに、釣り針から鯉をはずすときの、あの生臭い香りをゲームのなかでは永久に感じることはできないわけです。餌のミミズを切ると、泥を吐きますが、そのときの泥の香りも永遠にわかりません。子供たちは、ゲームでミミズを使っていても、実際に本物のミミズを見たときに、ギャーギャー、こわがって、触ろうとはしないだろうし、泥の香りに拒否反応を示すかもしれません。

もちろん、大都市に住んでいる子供たちだけが五感を磨くことが難しいのではありません。山や海、田畑に囲まれている自然環境の豊かな場所で育っている子供たちが、五感が優れているかというと、そうとも言いきれません。むしろ、そういう環境があまりにも当たり前で、日常の風景だけに、感じてないかもしれないし、意識して感じようとしていないかもしれないのです。

ただ、救われるのは、すぐそばにそのような環境があるから、知らないうちに香りの記憶を蓄積するチャンスが、コンクリートと電化製品、ＩＴ製品に囲まれて暮らしている子供たちよりは多いということです。何かしらのきっかけがあれば、思い出すことができるという点です。

このように考えると、親や教育者は子供の五感を磨くサポートをするべきだと思います。

生まれてから三歳ぐらいまで感覚が急速に発達しているとはいえ、この期間は意識をともなっていません。鍛《きた》えるといっても限界があります。三歳までは感覚的には鋭いとは思いますが、学習するという能力がまだまったく備わっていないので、その段階で鍛えるというのは無理があります。

ピアノでもヴァイオリンでも、フィギュアスケートでもバレエでも、何かを身につけようとするときに、三歳ぐらいから始めて、小学生までの間にトレーニングすることで、感覚は豊かになりやすいと言われています。とくに小学生の頃は最も嗅覚能力の幅が広がり、想像力も豊かですから、意識することで、その進化の度合いが大きく違ってくるはずです。

それは、大人からは想像できないような「学習しようという能力」を発揮するからです。感性を磨く大切な時期とも言えます。それが、その子供の個性であり、将来にとって、とても大きな影響を与える時期になるわけです。

しかし、それほどに大切な時期にもかかわらず、日本ではみんなと同じ感覚でなければいけないという考え方が、「常識」となっているのです。

たとえば、子供にリンゴの絵を描かせるとします。リンゴの色を赤く塗ると、親は納得します。よく描けたね、と褒《ほ》められる。でも、青や緑にしたら、「リンゴは赤い」という大人の勝手な先入観で、親は、「これはおかしい。描き直しなさい」と、子供に指摘するわけです。しかし、イタリアやフランスなどでは、逆にリンゴは何色にも塗ったほうが褒められるという、こうした違いがあります。

「おかしい」ではなく、「面白い」というふうに、子供の想像力や個性をのばすことが大事なわけです。フランスの小学校では、同じ風景を写生しても、仕上がった絵の色合いはまったく異なり、実にカラフルです。みんなが一様に、木の幹は茶色で、葉は緑で、池は水色で……というのは最もつまらないと考えます。

ですから、そういう教育は、幼稚園の頃から受けることが本当は一番いいのではないかと思うのですが、その幼稚園は、園児全員が同じお遊戯をし、全員が同じ折り紙をして、先生の言うとおりにしないといけない雰囲気がありませんか。「千羽鶴をひとり七個ずつ折りましょう」といった教育を繰り返しています。うまく折れない子や、別のものを折る子は、矯正《きょうせい》されます。無理やり大人の決めた枠にはめこもうとし、大人の感覚を強要しているにすぎません。

これでは、自分のペットの犬がお手をできるようになるまで、調教しているのとあまり変わりありません。

しかし、人間には個性がありますから、犬と同じように調教しようとするのではいけないと思います。どうすれば、それぞれの個性、つまりは持ち味を引き出せて、それに磨きをかけていけるか、どうすれば子供が独り立ちできるか、こういったことを大人は子供たちのために考えて、サポートするのが本来の教育ではないでしょうか。

日本ではネガティブにとらえられている「個性」も、ヨーロッパではポジティブにとらえられています。とくに想像力が将来において大切で、オリジナリティこそが重視されます。

実際、個性が非常に重んじられている社会でなければ、芸術家などは生まれないのです。日本で活躍している才能ある芸術家たちも、多くは日本を離れて海外で武者修行をしています。ここで自分の個性を磨いてから、帰国して日本で活躍しているのです。それを見て、ほかの日本人は、「〇〇コンテストで入賞するなんて、日本人はすごい才能だ」と言っているわけです。しかし、彼がずっと日本にいたら、その才能は花開かなかったかもしれません。

日本は、個性が発揮できないどころか、個性を否定し、摘《つ》みとってしまう土壌を持っていると言っていいでしょう。模範とするべき人に限りなく近づけるための教育については、どこの国よりも優れていると思います。しかしながら、ヨーロッパの教育観はそうではなく、いちおう模範を念頭にはおきながら、いかにそれと違うように、さらにそれよりも優れたものになるかと考える点に大きな違いがあります。

フランスの小学校では、たとえば、水曜日、日曜日の週二回がお休みで、多くは土曜日が半ドンになります。しかも学校の授業には、音楽や体育の授業がほとんどありません。この考えの根底にあるのは、全員、歌がうまくなくていいし、全員、体育が優れてなくてもいいということです。ピアノの演奏が好きな子供には、お休みの日に習わせればいいし、サッカーが得意な子はクラブチームに入れて、学校のない日に練習すればいい、趣味や嗜好《しこう》まで教育にして押し付けるのは、おかしいのではないか、という考え方です。

すっかり教育論になってしまいましたが、失われつつある五感を取り戻すべく、日本も今こそ、みずみずしい感性を持った、個性のある子供たちを育てる努力をするべきときではないかと思い、話をさせてもらいました。

●嗅覚を磨いたことで、気づいたこと

さて、話を戻しましょう。〝香りのノート〟に書きこみながら、嗅覚の鍛錬を繰り返しているうちに、あるとき突然気がついたことがあります。

それは、「若いワインの香り」と「熟成が進んだワインの香り」に分類していたときのことでした。

「ワインは、若いうちは果実の香りが主体であっても、瓶の中で熟成をするうちに、しだいに土に帰っていくような変化を感じるのだ」――このことが、はっきりとした文章となって、頭に浮かびました。

植物は芽が出て、花が咲き、やがて実をつけ、その実は土に落ち、葉が地面に落ちて腐葉土として土となり、実の種は、その土の栄養分を利用して、新しい芽を生み、大きく育って行き、また再び繰りかえします。この植物の生長サイクルの過程で変化し、感じるであろう香りを、ブドウという植物の実から造られるワインにも同様に見つけることができるということなのです。

できたばかりのワインからは、フレッシュな果実の香りが感じられます。しかし、その実の成熟が足りなかったとすると、葉や茎のような青い香りを感じることがあります。また、逆によく熟した果実を使ったワインからは、熟した果実の香りを感じます。そして、ワインがボトルに詰められ、ゆっくりと熟成が進んでゆくと、しだいに土や枯葉、キノコや腐葉土の香りなどが感じられるようになります。ようするに、ワインとなったあとも、ブドウの果実がやがて土に帰るように、ワインの香りにも同様の変化を感じることができるのです。

また、果実が土に帰るプロセスにあるように、ワインの香りにも新鮮な果実の香りから、熟した砂糖漬け（コンフィ）のような香り、そして、ドライフルーツのような香りが感じられます。

こんなイメージが頭のなかでどんどん広がっていきました。

僕にとって、忘れられない瞬間です。

このことから、ワインに対する考え方が大きく変わりました。「ワインは農作物であり、ワインを知るには、植物のことを知ることが重要である」という、今ではどのソムリエでも知っていることを、そのとき思いました。

そして、僕の最初の出版となった『ワイン味わいのコツ』（柴田書店刊）が誕生しました。二三歳の頃から作りはじめた〝香りのノート〟が一冊の本となりました。三六歳のときです。

●ワインの香り——具体的な表現

ここで、具体的にワインの香りの表現に使う単語を紹介してみましょう。

【白ワインに使用する単語】

・果実の香り

ライム

レモン

グレープフルーツ

キンカン
オレンジ
青リンゴ
黄リンゴ
カリン
洋ナシ
白桃
黄桃
アンズ
パイナップル
パッションフルーツ
マンゴ
バナナ
ライチ

グアヴァ
イチジク
ナツメヤシ

・花の香り
ライラック
ユリ
スイカズラ
サンザシ
アカシア
ジャスミン
白いバラ
ラベンダー
菩提樹

金木犀《きんもくせい》
カモミーユ（カモミール）
オレンジの花

・ハーブ系の香り
ミント
レモンバーム
レモングラス
バジル
セルフィーユ
エストラゴン（タラゴン）
ディル
カシスの芽
木の芽

グリーンアスパラガス
グリーントマト
ヴェルヴェンヌ
シダ
芝生
牧草
タイム
ツゲ
青ピーマン
杉の葉

・スパイスの香り
白コショウ
コリアンダーシード

クミンシード

・乳製品系の香り（マロラクティック発酵による香り）

ヨーグルト

サワークリーム

クリームチーズ

カマンベール

バタークリーム

バター

ノワゼットバター（焦がしたバター）

・乳製品系の香り（場合によっては果実系の香り）

ビターアーモンド

杏仁《アンニン》

・木樽醸造による香り
ロースト
トースト
バニラ
ココナッツ
ビスケット
アーモンドグリエ
クレームブリュレ
カラメル

・熟成による香り
ナッツ
ヘーゼルナッツ

ブリオッシュ
モカ
蜂蜜
ドライフルーツ
ドライフラワー
樹脂
スパイス
コンポート（シロップ漬け）
コンフィ（砂糖漬け）
コンフィテュール（ジャム）
スモーク
焼けたパン

・その他の香り

蜜蠟《みつろう》
ペトロール（油絵の具の溶き油）
石灰
火打石《ひうちいし》
白い土
猫のおしっこ
ジャコウネコ

などが、白ワインのポジティブな香りの表現によく使われる単語です。シダ、ペトロール、猫のおしっこといった香りが、異臭ではなく、香りの個性として扱われている点が、面白いですね。

続いて、メジャーなブドウ品種を使ったワインに多く感じる香りとして、どのようなものがあるか、いくつか紹介しますと……。

シャルドネ……黄リンゴ、洋ナシ、黄桃、パイナップル、バター、ロースト、バニラ
ソーヴィニヨン・ブラン……グレープフルーツ、カシスの芽、レモングラス、芝生、牧草、グアヴァ、猫のおしっこ
リースリング……グレープフルーツ、青リンゴ、菩提樹の花、ペトロール
シュナン・ブラン……カリン
ゲヴュルツトラミネール……ライチ、ラベンダー、バラ、コリアンダーシード、クミンシード
ヴィオニエ……アンズ、白いバラ

このようにマニュアル化することができますから、それぞれの特徴について実際に嗅覚で感じた感覚と単語とを照合しておくことで、ブラインド・テイスティングにおいて、使用しているブドウ品種を推測することができるのです。

さらに、たとえば、同じソーヴィニヨン・ブランの品種を用いたワインでも、フラ

ンスのロワール地方、サンセール地区のワインには、カシスの芽や火打石の香りを感じるのに対し、ニュージーランドのマールボロー地区のワインには、レモングラスやグアヴァなどの香りを感じることが多いなど、産地の違いによる香りの特性の違いもインプットしていきます。

シャルドネを使った白ワインは、フランスのブルゴーニュ地方のワインのように、ブドウ果汁中のリンゴ酸を、乳酸菌の働きによって乳酸に変える「マロラクティック発酵」を行なうと、バターやヨーグルトなどの乳製品様の香りを感じますし、オーク材を使った小樽の新樽、もしくは新樽を含む樽で醸造を行なうと、ロースト香やバニラ香、ビスケットの香りなどが感じられるのです。

このように、単語にはそれぞれ意味があるのです。

【赤ワインに使用する単語】

・果実の香り

レッドカラント（赤フサスグリ）

ラズベリー
野イチゴ
イチゴ
レッドチェリー
ブルーベリー
カシス
ブラックチェリー
ブラックベリー
イチジク
ナツメヤシ
プルーン
レーズン

・花の香り

赤いバラ
スミレ
野バラ

・スパイスの香り
黒コショウ
シナモン
甘草《かんぞう》
ナツメッグ
丁子《ちょうじ》（クローブ）

・植物系の香り
木の芽
杉の葉

青ピーマン
灌木《かんぼく》
ヒマラヤスギの樹脂

・動物系の香り
なめし皮
ジビエ
ジャコウジカ
血

・木樽醸造による香り
ロースト
バニラ
ビターチョコレート

カラメル
タール
・熟成による香り
枯葉
タバコの葉
紅茶
中国の黒茶
キノコ
トリュフ
腐葉土
下草
オリエンタルスパイス
コンポート（シロップ漬け）

コンフィ（砂糖漬け）
コンフィテュール（ジャム）
ドライフルーツ
ドライフラワー

・その他の香り
土
削った鉛筆
インク
鉄
鉛
銅

などがよく使われる単語の例です。

そして、白ワインと同様に、代表的なブドウ品種を使ったワインに感じる特徴をまとめておきましょう。

カベルネ・ソーヴィニヨン……丁子や甘草などのスパイスや樹脂、ときに杉の葉、黒い果実
カベルネ・フラン……杉の葉、赤い果実
メルロ……土、黒い果実
シラー……黒コショウ、黒い果実
ピノ・ノワール……赤い果実、なめし皮、紅茶などの枯葉系
ネッビオーロ……鉄、オリエンタルスパイス、樹脂、赤い果実
サンジョヴェーゼ……黒い果実、スパイス、土、枯葉

などのように、頭のなかにリスト化することで、テイスティングしているワインの香りをいつでも検索することができるのです。

香りの分類は、これ以外にも、ロゼワインに使われる単語であったり、シャンパーニュなどのスパークリングワイン用の単語、また、ポートやシェリーなどの酒精強化ワインと呼ばれるジャンル、これらワインのネガティブな表現に用いられる単語、さらに、ウイスキーやブランデーなどの蒸留酒、そして、リキュール等に使われる単語などにおよびます。

そして、このような方法は、アルコール飲料に限ったものではなく、お茶や紅茶、コーヒー、ミネラルウォーターなどの飲料にも活用されます。

さらに、ソムリエにとって重要な仕事である、料理との相性を判断するために、食べ物の素材の香りや調理法による香りの違い、調味料の香り。ソースの香りなどを記憶します。その結果、頭のなかでさまざまなワインと料理の組み合わせ、相性（マリアージュ）を描くことができるのです。

●料理人もソムリエも、プロは頭のなかで味を描けないといけない

ここで、「おいしい」と感動するときは、どんなときかということを考えてみましょう。もちろん慣れ親しんだ味をおいしいと感じるときもありますが、感動をともなうとなると、通常は新しい味に出会ったときではないでしょうか。

今までおいしいと思っていた感覚を超えるおいしさに出会ったときに、驚き、感動する。ただ、おいしいと感動した翌日に同じものを同じシチュエーションで食べたとき、昨日にはあれほどおいしいと感動し、喜んだはずなのに、今日はそれほどのものとは思わないことがあります。さらに続けて三日目ともなると、感動どころか、どちらかというとイヤケがともなってくるはずです。

つまり同じものに対しては、驚きを含めた大きな感動は継続していくことができないということです。

たとえば、あるお客様が、カニを使った料理を初めて食べて感動してくれたとしましょう。ところがなかなかそのときの感動を超える料理を提供することは難しくなり

ます。しかし、そのお客様は、その感動を超える料理を求めているからこそ、その店に、二度、三度と通ってくる。となりますと、そのお客様に新たな驚きと感動をもたらす料理を作るためには、料理人は相当の努力をしなければいけません。

ですから、優れた料理人は、一〇〇％おいしい料理を完成させたとしても、その上をいく一一〇％、一二〇％のおいしさを求めて、常に努力を継続していかなければ、お客様からは、〝おいしい〟の感動を継続してはもらえないということになります。

料理人にとって、「変わらない」ということは、多くは致命的なことでもあるのです。

そして、お客様の感動を呼ぶ優れた料理人とは、頭のなかで味を描けるかどうかで決まります。味を描くことができなければ優れた料理はできません。

「味を描く」とはどんなことでしょうか。

優れた料理人が新しい料理を創作するときに、まず頭のなかで、イメージをふくらませます。この食材にどのような調理法を使うのか、そして、あの調味料を組み合わせたらどうかとか、あの二種類のスパイスをブレンドすると、ああいう香りと味になるから、あのソースと合わせて使うのはどうだろうか……という具合に考えているのです。

実際に、キッチンで組み合わせて調理してみて、合わないから、次の食材……とやっているわけではありません。そんなふうに試作をして味見をしているような料理人では腕がいいとはいえません。これは、ソムリエが一本のワインを判断するために、何十本ものワインを開けないのとまったく同じです。

優れた料理人もソムリエも頭のなかで味を描けることが重要です。つまり、これとこれの組み合わせだと何かが足りないから、これを加えよう、いやあの香りを加えようと、頭のなかで味わいをどんどん描いているわけです。実際に作らなくても頭のなかで、その料理を完成させることができるわけです。試作は、あくまでも最終確認という位置づけです。

このように味を描けるためには、どうすればいいでしょうか。

すべての食材、調味料、スパイスの風味、さらに調理法の違いによってそれぞれがどう変化するか、すべてを頭のなかに記憶し、きちんと整理しているからこそ、必要に応じていつでも瞬時に引き出せ、味が自由自在に描けるわけです。料理人は、修業時代に何を学ぶかというと、料理の技術や考え方はもちろんのこと、将来に向けて、日々、味を描くための整理作業を学んでいると言っていいかもしれません。

ただし、料理人もソムリエも、記憶したものを呼び起こすということは同じですが、記憶するプロセスに違いがある気がします。料理人は、ソムリエのように感じた味わいや香りを言語化しながら記憶しているというよりも、むしろ右脳の役割をより有効に活用しているのではないでしょうか。

第三章　五感を鍛え、表現力を豊かにする方法

●なぜ五感を鍛えるのか

五感のセンサーでキャッチした感覚を言葉に置き換えて記憶するというテクニックは、ソムリエの世界に限らず、普段の暮らしのなかでも応用がききます。とくに食べ物に関心のある方には有効な方法で、言語化して記憶することを積み重ねた結果、料理ブログやツイッターなどの表現力をのばすことに抜群に効果を発揮するはずです。

たとえば、真鯛の刺身を食べたときに、「おいしい」と感じたとしましょう。そのときの感覚を、どのようにおいしかったか、言葉にして記憶をしておけば、将来、同じようにおいしいと感じたときに、どうおいしいか、また、過去に感じた真鯛のおいしさと比較して何が違うのか、などがわかるようになります。寿司でもラーメンでもカレーでも、どんな食べ物でも飲み物でも同様です。さらに、もっとおいしくするためには何が加わればよいか、も想像することができます。

この章では、どのように五感を鍛えていくかをテーマにします。読者のなかには、ソムリエ志願者も多少はいるかもしれませんが、大半の方はソムリエとは違う仕事をしているでしょう。僕は、ソムリエを職業としない人であっても、五感を鍛えることをおすすめします。

物事を多面的、多角的に感じる能力が優れてくると、それを表現するための言葉が増えてきます。

洞察力に優れ、表現力が豊かになるということは、同時に感受性が豊かになることにもつながります。

その結果、人の気持ちを察することもできて、相手への気づかいや思いやりも生まれると思うのです。この気づかいや思いやりは、人が人として心地よく暮らしていくために欠かせないものです。気づかいや思いやりの精神は、サービス業につく人には、絶対不可欠ものであり、飲食業やホテル、旅館などに限らず、すべての業態において有用であると考えます。

より良い仕事ができるからこそ、より有意義な人生を送れるのではないでしょうか。

そのためにも、五感を磨くことから始めなくてはなりません。普段から五感を働かせて、あらゆる物や事柄、時や空間を感じとることを習慣づけることが大事です。もっと言うならば、五感を活性化させ、意識して駆使することにより、能力を向上させていく訓練をするのです。

「もっと五感を使おう」というと、日常とはかけ離れた特別な環境に身をおかないとできないのではと考えるかもしれませんが、この「五感トレーニング」のために、山や海にわざわざ出かけなければいけないわけではありません。そういった環境づくりをしなくても、日常のあなたの暮らしのなかでトレーニングは十分に可能です。環境ではなく、五感を使おうとする自分の意識さえあれば、どこでも自分の感覚は自在に磨くことはできるのです。

では、それを述べる前に、小学生を対象に、五感——とくに「嗅覚」を意識してもらい行なった、こんな授業のエピソードを紹介しましょう。

●嗅覚の能力を意識する授業

以前、NHKテレビの「課外授業―ようこそ先輩」という番組で、相模原にある僕の母校の小学校六年生を対象に授業をしたことがあります。後輩たちに、「香りを嗅《か》ぐ習慣を身につけてもらおう」という思いで、三日間のプログラムを組んで、授業をしました。

初日は山梨に行って、ブドウの収穫を体験しました。収穫したブドウをつまんで食べてみて、そのあと収穫したブドウをワイナリーで搾《しぼ》ってもらい、搾りたての果汁を飲んでもらいました。さらに前年の同じ品種でできたワインの香りを嗅いでもらいました。もちろん小学生ですからワインは飲めませんので、とれたて搾りたての果汁とワインの香りの違いを体験してもらい、香りを嗅ぐということを意識してもらいました。

そして、二日目は学校の教室で授業です。まず三人グループにわかれて実験をしました。箱のなかに刻んだ食材を入れて準備しておきます。箱に入れた食材は、ピーマン、ニンジン、タマネギなどグループごとに変えてあります。
ひとりの生徒は、箱のなかに手を入れて触ります。二人目の生徒は、目隠しをして箱のなかの香りを嗅ぎます。三人目の生徒は、それをジュースにしたものを鼻をつまんで目隠しして飲みます。そして箱のなかに入っているものが何であるかを三人で相談して、答えてくださいという課題でした。つまり生徒たちは、日頃一番頼りにしている視覚を使うことができません。そして、手で触る生徒は「触覚担当」、香りを嗅ぐ生徒は「嗅覚担当」、鼻をつまんでジュースを飲む生徒は「味覚担当」という役割分担にしたのです。

その結果、どのグループとも正解でした。そこでさらに質問を生徒たちにしました。

「どの担当の人の意見で答えを決めましたか」

驚くことに（といっても、予測できますが）、ほぼ全員が嗅覚担当の人という答えでした。つまり、正解を導くのに最も大きな役割を担ったのは、嗅覚だったということです。

ピーマンやニンジン、タマネギを細かく切ったものを手で触っても何かがわからないし、ジュースにして飲んでも、鼻をつまんで飲むと、それが何のジュースなのか、実はほとんどわからないものなのです。つまりこの実験を通して、触覚や味覚は非常に曖昧なものであるのに対し、嗅覚は判断材料として大きな役割を果たしていることを生徒たちに知ってもらいました。

その日、宿題を出しました。生徒全員に、真っ黒なプラスチックの密閉容器を家に持ち帰ってもらい、そのなかに、家にあるもので、自分の好きな香りと思うものを一点、入れてきてください、というものです。

さて、三日目の授業です。前日持ち帰った密閉容器に小さな穴をあけてもらい、班ごとに、その穴から香りを嗅ぎ、そのなかに入っているものが何かを当てるという実験をしました。これはとても面白い実験になりました。

生徒たちの好きな香りはというと、女の子たちは、たいてい香りの付いている消しゴムや石鹸《せっけん》、洗濯石鹸の香りが付いたハンカチなどが多かったようです。ある男の子は、革の香りが好きということで野球のグローブを入れて持ってきましたし、驚いたことにウイスキーを持ってきた子もいました（これは放送しなかったと思います）。この三日目の授業で、生徒たちもだいぶ嗅覚に慣れてきていました。

さて、その日の昼前。相模川のそばの野菜農家にお願いして、生徒たちにキュウリやナス、トマトをもいで食べるという体験をしてもらいました。そのときに、必ず香りを嗅いで食べることがルールでした。

そのとき生徒たちが一番驚いたのは、ナスをバキッと割ってから香りを嗅ぐとリンゴの香りがするということ。ナスなのに、なぜリンゴの香りがするのかという驚きの意見がたくさん出ました。そして、キュウリにはメロンの香りがあることも体験してもらいました。キュウリの外側の皮の部分は青っぽい香りがしますが、なかの部分はメロンの香りがするのです。

次に向かった場所は相模川の河原です。お昼をここで食べようというわけです。それぞれ家からお弁当を持参してもらいました。といっても、ただ食べるだけでは授業になりません。お弁当箱のふたをあけて、それぞれのおかずやごはんの香りを嗅いでもらいます。香りの強弱を感じとってもらいます。目で見てもいいので、お弁当箱のふたをあけたときに、海苔《のり》の香りが強いとか、卵焼きの香りが強いとか、ソーセージの香りが強いとか、それぞれ自由に感じとってもらいます。こういうふうに、「香り」を意識しながら、お弁当を食べてもらいます。

そうしてお弁当を食べ終わったところで、お弁当で嗅いだ香りの強弱と、色のイメージを、絵の具を使ってキャンバスに描くという課題を与えました。色は何色でも自由に使えて、自分のお弁当の香りのイメージを色で抽象画のように、表現するという試みです。

たとえば、海苔。見た目は黒ですが、海苔の香りを嗅いだときのイメージ、つまり海苔の香りを色に表わすと何色になるのか、それぞれ自由にイメージをふくらませてくださいと言いました。お弁当に海苔が入っていた生徒のほぼ全員が、海苔の香りのイメージは見た目の黒ではなく、緑か青にしていました。

生徒たちにとっても僕にとってもはじめてのことなので、趣旨が伝わるよう、最初に、僕のお弁当の香りはこんな感じでイメージが頭に広がったと実際に描いてみせました。

生徒たちは河原に向かって思い思いに香りのイメージを絵にしていき、できたところで、全員に絵を頭上にかざしてもらったところ、実にカラフルでとても楽しい絵になっていました。どれひとつとして同じものがなく、まったく違っていたのがとても面白かったのです。ある生徒は、海苔の香りのインパクトが強かったようで、青を大きな渦巻にして、その間に赤や黄色などいろいろな色を点々にして描いていました。

この三日間の授業のまとめとして、僕は、「嗅覚が加わることで、お弁当の香りの絵のように想像力がとても豊かになります。人間は五感で感じることができ、五感を有効に使って感じることで発想力や想像力が広がり、心豊かになれると思います。今の時代は五感のなかでとくに嗅覚が衰えているので、もっと嗅覚を鍛えましょう」という話で締めくくりました。その後、生徒たちや親ごさんたちからも、授業の感想が書かれた手紙をいただきました。

この授業は本当は、大人が受けてもいいぐらいでしょう。とくに最後のキャンバスに「香り」を描く課題は、子供たちよりも大人のほうが難しいのではないでしょうか。なぜならば、大人は子供たちほど想像力が広がらないと思われるからです。どうしても、いつも食べているもの、いつもの食べ方からくる先入観に縛《しば》られてしまい、描いたものはきっとお弁当に入っている食材と近い色を使った絵になるのではないでしょうか。読者のみなさんならどうでしょうか。ソーセージの香りから何色を発想するかというと、視覚から、うす茶色とか朱色とかになってしまうのではないでしょうか。燻《いぶ》すということから、煙をイメージしたグレーとか青とか、そこからさらに連想して火の赤とか、あるいは生きている豚の肌の色などを表現するとか、こういう大人が何人いるでしょうか。ここが想像力によるところなのかと思います。

●俳句に親しむようになって感じたこと

嗅覚の大事さを小学生の授業を例にあげて説明しましたが、子供に限らず、日本人はもしかしたら昔から嗅覚をあまり使ってこなかったのかと感じたことがあります。

それは俳句です。

僕は、俳句をテーマにしたテレビ番組に出演したことがきっかけで、俳句に興味を持つようになりました。一七文字というごくごく限られた短い文字だけで、季節感や自分の感性を凝縮して表現するというところに、面白さを感じたからです。お客様にワインをいかに簡潔にわかりやすく表現するかを日々考えている僕にとって、俳句の表現方法に共通性を見出したと言っていいかもしれません。

それでケータイ用の俳句のアプリをダウンロードし、日々、さまざまな俳句を詠《よ》んで楽しんでいます。

そうしているうちに、ふと気がついたことがあります。俳句には、海や山、花や木など日本の豊かな自然や四季の移ろいを句に表現して、詠んでいるものがたくさんありますが、そのほとんどが「視覚」と「聴覚」(ときに触覚)で感じたことを中心に詠んでいるという点です。視覚と聴覚で感じとったことに、そのときの想いを加えて一句におさめている句が多いようです。

それは俳句の季語を考えても同様で、視覚からの表現が多くみられますが、嗅覚にまつわる言葉は極端に少ないのではないでしょうか。

そう考えると、たとえば『源氏物語』などの古典を見ても、色彩について豊かな表現があり、言葉も豊富なのですが、香りに関する表現は、意外に少ないと思うのです。薫君《かおるのきみ》とか匂宮《におうのみや》といった名前の人物が登場するにもかかわらずです。これは、とても不思議なことです。

日本には、「香道《こうどう》」という香りの芸道があります。伽羅《きゃら》や真南蛮《まなばん》（真那盤）、白檀《びゃくだん》などの香木を香炉でたいて香りを観賞するものです。

ソムリエの世界に入ったころ、知人に香道のさわりの部分を教えていただいたことがあります。

とくに興味を持ったのが、いわゆる香りのブラインド・テイスティングです。香り合わせと言い、三種の香木の香りを嗅ぎ、同じ香りを持っているものを当てていきます。

初めて行なったときに、なんと全問正解し、まわりの人に「さすが！」と言われたものの、その次からは、試せば試すほど難しくなっていきました。ビギナーズラックだったのです。

この香りを観賞し、その後当てるためには、それぞれの特徴を記憶しなければなりません。この香道での記憶の方法として、香りを味に見立てて記憶するということを教わりました。

つまり、香りの強弱の順が、苦み（に）を感じる香り、甘い（あ）香り、酸っぱい（す）香りであれば、「にあす」と覚えます。「あすか」と覚えれば、甘い、酸っぱい、辛い、の順となります。良い方法なのですが、甘い、酸っぱいなどはあくまでも味覚表現であり、人によって、苦みを描く香りは何の香りなのかが異なります。香り合わせでは、自分だけの記憶をするためのツールに限られるのでよいのですが、もっと多くの人で同じ感覚を共有するためには、具体性に欠ける表現です。

ワインの香りの表現にはこの方法は使いません。

ただ、日本には香道のように、香りを観賞する芸道が古くから存在していたことじたい素晴らしいことです。

お線香の世界でも同様なことが言えます。あじさい、あやめ、桜など花にたとえていたり、新緑や紅葉などという言葉をイメージしたりして商品にする傾向が強いようです。ちなみに、海外では、アロマテラピーなどで使うものは、ラベンダーとかシナモン、ココナッツなど、その香りの源そのものです。一方で、香水などは、イメージを描き、パッケージやネーミングをデザインしていくところは、お線香に似ています。

いずれにせよ、日本語の表現には、嗅覚で感じたことを直接具体的に表現する方法が、もともと慣習としてなかったのかもしれません。

俳句の例からもわかるように、日本人の五感のなかで、嗅覚の使われ方が、視覚や聴覚に比べて明らかに少ないのではないかと思います。嗅覚を動員し、たとえば、それを句に詠むことを意識することで、もっとリアルにそのときの情景が伝えられるように思います。

嗅覚で感知したことを意識するだけで、視覚や聴覚から得た情報に加え、より鮮明にそのときの風景や自分の感情などを思い表現できるはずです。つまり、視覚や聴覚に嗅覚を加えることで、たとえて言うなら、「3D映像」で見られるというような印象と言っていいでしょうか。

もちろん3Dは、おおざっぱに言うと視覚上の操作で立体的に見られるような技術ですが、３Ｄ映像を見たときは平面よりも、奥行きがあることで、より想像力が豊かに広がります。五感の場合、嗅覚がその奥行きを広げる重要な役目を果たしているといっていいと思います。

この奥行きがあることにより、表現がより緻密《ちみつ》に、正確に、わかりやすく、伝わりやすいものになると僕は思っています。

●嗅覚は、なぜ鈍感になってしまった？

このように嗅覚は、表現するうえで大切な感覚でありながら、日本人に限らず現代人にとって、五感のなかで置き去りにされた感覚なのではないでしょうか。嗅覚は人間の五感のなかで普段一番意識されていないと思われる感覚です。

動物に比べて確実に退化している感覚と言っていいでしょう。動物にとって五感とは、自分の身の安全を守ることに即、結びつくからです。動物はそのなかでも嗅覚によって、敵の襲来から逃れたり、自分の縄張りを確認したり、目の前の餌が安全かどうかをチェックします。もちろん人間も原始時代には動物とまったく同じだったはずです。つねに五感を働かせることで、身の危険を避け、日々を暮らしていたはずです。ところが文明の発達により、嗅覚で危険を察知するという場面が少なくなり、次第に衰えていったといっていいでしょう。

ということは、逆に言えば、もともと人間には自分の命を守るための鋭い嗅覚が、視覚や聴覚と同様に備わっていたということです。ですから、嗅覚を研《と》ぎ澄ます努力をすることにより、その能力が蘇り、最大限その能力を発揮できるのです。

日本人の嗅覚を退化させている数多い要因のひとつに、賞味期限や消費期限の表示があります。社会が便利になればなるほど、人間の能力が退化していくひとつの象徴的な例ではないでしょうか。

以前は、製造年月日の記載義務だけで、賞味期限の表示などはありませんでしたから、自分の感覚だけを頼りにして、安全かどうか、食べていいのか否かを判断していました。原始人は動物と同じですべて五感で判断していたでしょうし、そこまでさかのぼらなくても明治・大正・昭和と基本的にはほぼ同様だったはずです。ですから、ときにバクテリアが繁殖したものを口にして命を落とした人もいたでしょう。たとえばフグのキモや毒キノコにしても、その毒性が一般に広く知れわたる前は、自分の勘と感覚だけで取捨選択して、口にしていたのではないでしょうか。

今のような賞味期限表示がされるようになる以前は製造年月日の表示のみでした。ですから料理のできる主婦はその製造年月日の表示を見て、なおかつ自分の感覚と経験で食べられるか、食べられないか、を決めていたはずです。

つまり、その際の判断するうえで最も重要な感覚は嗅覚、つまり鼻に直接、近づけて匂いを嗅いで確認することです。その点から考えると、そのころ主婦たちのほうが今よりも嗅覚を日常的に使わざるをえなかった分、嗅覚が優れていたと言っていいかもしれません。

今は、賞味期限の表示があることで、自分の嗅覚の力を頼りにする人が少なくなります。不精になったことで、感覚がしだいに衰えていったと言っていいでしょう。

ですから、ひとつひとつ香りを嗅いで確かめることなく、賞味期限が過ぎたからといって、すぐに捨ててしまいます。若い主婦は、醤油や味噌、酢まで捨てると聞きました。

昔、僕の家では、味噌は大きな容器に入ったものを使っていましたが、しばらくおいておくと表面にカビがはえてきます。しかし、その部分だけをすくって除いてから使っていました。醤油も味噌も、もともとカビを使っている発酵食品であり、問題ありません。ましてや酢など変化はしても、そう容易に劣化するとは考えられません。

醤油も味噌も酢も、日にちがたつと品質が落ちて食べられなくなるというよりも、風味が変わるだけで、それで命を落とすというようなことはまずありえません。

規定では、賞味期限をうたわなければいけないことになっていますが、皮肉なことに、それにより嗅覚がどんどん退化しているのです。

ですから、そういうところにつけいり、「偽装」をして儲けようという輩《やから》も現われます。消費者にも非があります。自分の感覚よりも、賞味期限に書かれている数字や文字で書かれた産地だけを信じて食べたり、捨てたりしているのも悪いと思います。

その結果、多量の食品が廃棄されているのです。

もちろんほかの国でもこうした賞味期限あるいは消費期限を表示するという自主規

制があるようで、たとえばフランスでも表示されてはいますが、肉や魚にはそういった表示をあまり見かけたことがありません。

一方、日本では肉や魚、たとえば刺身には消費期限が書かれてあります。しかしながら、刺身として食べられなくなれば、煮たり、焼いたり、佃煮《つくだに》にしたりすればいいわけですが、捨ててしまうというから驚きます。

これは自分の感覚を使ってない証拠です。今こそ、自分の嗅覚を使うことで、自分の感覚をとりもどし、人が決めた賞味期限よりも、自分の感覚を信じるべきです。

●大人になってからでも鍛えられる嗅覚

もちろん人間は、嗅覚をまったく使っていないかというとそうではありません。たとえば、異臭に対しては瞬時に気づくはずです。その根本にあるのは、安全を確認する、自分の命を守るという、原始時代から人間に刻み込まれたＤＮＡのなせる業《わざ》だと思います。こういう場合は「香り」というより、「におい」がより適切かもしれません。「におい」という表現には、多くの場合、受容ではなく拒絶する意味合いが含まれているように思います。

ですから、「におい」に対しての嗅覚は自分の身を守るために使っているものの、「香り」を嗅ぐという意味での嗅覚をほとんど使っていないということです。もっと日常的に「香り」を嗅ぐことを意識していれば、前述したように、俳句や短歌、あるいは小説などの文学にも、嗅覚からもたらされる表現がもっと登場していてもいいと思うのです。

このように、嗅覚の能力は、だれにも備わっていながら、現在は眠っていると言っていいわけですから、この本をきっかけに、長い眠りから覚ましてあげてください。嗅覚を磨くことによりはじめて五感がフル稼働できる条件が整うと言えます。

冒頭に書いたように、実際に肉を食べて、「やわらかいから、おいしい」という表現をする人がいるのです。食べ物の味わいを味覚や嗅覚で語らずに、歯ごたえや舌ざわりなどの触感だけですませていることが多いように感じます。これも、日頃より触感に頼りきりになることで、味覚や嗅覚のセンサーが衰えてしまっているのです。

意外に思われるかもしれませんが、人間の五感のなかで唯一、鍛えやすい感覚が嗅覚だと思います。それは、使ってない分、キャパシティもあると考えていいのではないでしょうか。

たとえば、視覚を鍛えるといっても、トレーニングにより視力一・〇を一・五にするとか、老眼を治すとかいうようなことはなかなか難しいでしょう。ある程度、日常的に使っている感覚の能力を、ある時点から急激に引き上げるというのは、とても難しいのではないでしょうか。聴覚も同様です。

味覚についても実際には難しいかもしれません。というのは、味覚のセンサーとして存在する味蕾《みらい》は、毎日激しく増減を繰り返していますが、成人になってから、全体の量が著しく増えることはほとんどありません。

その点、嗅覚に関しては、鍛えられる可能性が高いと思うのです。それには、意識をして嗅ぐことが大事です。その場合、においを嗅ぐのではなく、香りを嗅ぐことを――嗅覚で、いいイメージを感じることを習慣づけましょう。

そのためには、嗅覚を普段の暮らしから意識することをおすすめします。

たとえば、コーヒーですら、香りを嗅ぎながら飲むことをほとんどしていないのではないでしょうか。もしコーヒーではない香りを感じたときに、「これは何？」と違和感を覚えることはあっても、普段は、スターバックスでもドトールでもタリーズでもマクドナルドでも、コーヒーの香りを意識し、確認しながら飲んでいる人は少ないのではないでしょうか。味が濃いとか薄いは意識しても、香りの違いを感じとろうという意識はなかなか持てません。いや実際には、たぶん「熱い」とか「温《ぬる》い」といった感覚のみ、つまり、ここでも触感に頼っている場合が多いのです。

コーヒーに限りません。清涼飲料水を飲むときも、ビールを飲むときにも、「よく冷えてて、おいしい！」ではなく、意識して香りを観賞しながら飲んでみてください。

あるいは、通勤のいつもの道で、いつも見ている場所に花が咲いたことを発見したら、そのときに花の香りを意識してみましょう。そうすることで、あるときに花を視覚で確認する前に、香りだけで花が咲いている状況を認識できるようになります。

都会であっても、家や職場の近くの公園とか、オフィス街でも植え込みの木とか、小さな自然というのはあります。そのような場所で、もし花や緑を見つけたら、すぐに近くに寄って香りを嗅ぐのではなく、まずは遠巻きに香りを意識することがトレーニングになります。そして次に近くに寄って、あらためて花の香りを嗅いでみるということを習慣づけると、しだいに嗅覚のセンサーが鋭くなっていくと思います。

あるいは、歩道の街路樹のところと、樹木も何もないところとでは、通るときに、香りの違いを感じるか感じないかを意識します。もちろん最初は感じないかもしれませんが、香りを日常的に意識することで、嗅覚の能力はどんどん磨かれていきます。どこまで高まるかは個人差がありますが、これまでほとんど使ってない能力なわけですから、伸びしろは十分にあると考えていいでしょう。

●嗅覚を鍛えることで、表現力に与える影響

普段の暮らしから嗅覚を使うことを意識することで、より内容が濃く、表現力は豊かなものになります。つまり、新緑の風景を見て、視覚だけで緑がきれいだと感じる

ことに加えて、嗅覚で新緑を感じることで、密度の濃い情報になるのです。

新緑の風景をスケッチしているときも、視覚だけで色彩をキャンバスに表現するよりも、嗅覚で新緑の香りを感じ、さらに聴覚で葉の触れあう音を聴き、触覚を使って空気の温度や風の心地よさなどを感じ、これらを加味することで、そのスケッチに深み、奥行きが出てくると思います。このように五感を働かせることではじめて、絵の世界も、写真の世界も、平面的な表現から、多面的、多角的な表現へと移行できるのではないでしょうか。

たとえば、印象派の絵を頭に浮かべてください。印象派の画家たちは五感で感じとったものを平面であるキャンバスに描いたに違いありません。とくに光のとらえ方は、それまでの写実派と大きく違っています。視界に入る図柄だけをそのまま忠実に写すのではなく、五感を働かせて、その想像の世界を描きこんでいるのではないかと思うのです。

目の前に緑の森があっても、単にそのまま緑とだけとらえるのではなく、緑の木のなかには茶色の木々があり、小鳥のさえずりが聴こえるかもしれないし、黒い土があり、さまざまな昆虫が遊び、赤い花やピンクの花が咲いているかもしれません。その香りを意識することによって、森の色が違って感じられるのです。森のなかにはゴツゴツとした岩があるかもしれません。さわやかな風が吹き渡っているかもしれません。朝の風は淡いオレンジに感じるかもしれません。夕方の空気は朱色なのでしょうか。そういったことを五感で感じ取りながら、キャンバスに表現しているような気がします。

このように、まず嗅覚を意識して、トレーニングをすることで、自然とバランスよく五感のすべてが磨かれていくはずです。

さきほど書いたように、街路樹であったり、ビルの一角にある植え込みの花や木、花屋の店先だったり、車窓からの景色……どんな大都会でも、小さな自然はたくさんありますから、五感を鍛えるチャンスはいつでも、どこにでもあります。

もちろん自然に触れることばかりではありません。美術館で絵画や美術品を見る、映画を見る、コンサートに行く、スポーツ観戦をする、あるいは街のカフェで道行く人を眺める……。自宅でテレビを見ているときにでも、意識さえきちんと持っていれば、日常のさまざまな状況で五感を使うチャンスはいくらでも作ることができます。

そして、そのなかで最も五感をフルに活用できるチャンスが、食事をしているときや料理を作っているときなのです。とくに食事は、だれにでも平等に与えられた五感磨きのチャンスです。これを使わない手はありません。なかでも味覚を使えるチャンスは、物を食べ、飲むときくらいしかありません。

日本人は、食事において、主に視覚と触覚を使って感じていると書きましたが、実際には、コリコリ、サクサク、プリプリなど聴覚で感じた噛《か》んだときの音もあり、そして、甘味、塩味、酸味、苦味、旨味の五つを区分けし、またそれらのバランスを認識することのできる味覚も持っています。また嗅覚も、これを感じていなければ食べた物の判別がつかないはずなので（小学校六年生の実験を思い出してください）、これも実際には感じてはいるのです。

得られているはずなのに感じない感覚があるのは、それが意識の外側にあって、言葉に置き換えられていないからです。したがって、正しく言語化していくことが、食の愉しみを演出する近道となります。

日常生活において、ある意味、食事の時間のみが五感のすべてを同時にトレーニングすることができる機会とも言えるでしょう。

●湖での五感トレーニング法

食事の時間以外で五感を鍛えるのに、より具体的なトレーニング法でおすすめしたいのが、「湖トレーニング」です。たとえば、休日にどこかの湖を訪れたとします。五感で感じているという意識ができる以前は、なんとなく「きれいな湖」という、ひと言で済ませていたかもしれません。それをもう少し深く、五感を使って、表現するトレーニングをしようというわけです。

木々に囲まれた湖……。雨模様であれば、緑の香りがあたりにたちこめているかもしれません。土の香りも立ち上っているかもしれません。頬に感じる風の感触はどうでしょうか。冷たいのか、暖かいのか、痛いのか、心地よいのか。湖を取り囲んでいる山はどんな色ですか。光のコントラストで、同じ緑でも、濃淡がありませんか。そして湖面には何が映りこんでいますか。木立の緑なのか、周りを取り囲む山々なのか、空なのか。その空にはどんな雲が浮かんでいますか。耳を澄ましてください。波の音や木の葉のざわめきのなかに、鳥のさえずりが聴こえませんか。湖の住人はどんな魚なんでしょうか。その魚たちはどんな色や大きさで、食べるとどんな味がするのでしょうか。

これらの印象を五感それぞれに分類して説明してみましょう。

【視覚】湖畔《こはん》を見渡すと景色にはどんなものがあるか。湖面に映るものは何か。

【聴覚】鳥のさえずりや風の音など、耳に入ってくる音を聴いてみる。

【嗅覚】花や植物、土や空気など、それぞれがどんな香りを放っているのか。

【触感】肌に触れる水や風の感触。周囲に生える木々や湖畔の砂利《じゃり》に触れてみる。

【味覚】　湖に生息する魚や、近くの山々に育つ山菜やキノコなど、その土地のものはどんな味なのか。

このように、五感を総動員することで、これまでは色や形だけで見ていた湖の、見えていなかった面が次々と現われてきます。物事を一方向だけではなく、多角的に分析して言葉で表現しておけば、記憶にもとどまりやすいのです。後日、だれかに説明する際にも、聞き手のイメージが大きく広がるように話すことが容易になるでしょう。

この五感で感じとることは、「情報をキャッチすること」と言い換えていいと思います。ひとつの湖を見て、そこからどれだけの情報を読みとるのか。視覚だけのアンテナよりは、嗅覚、聴覚、触覚、味覚……と、できるだけ多くのジャンルのアンテナを立てたほうが、集まる情報量も多いはずです。しかも、それぞれのアンテナの感度がよく、なおかつアンテナが高ければ高いほど、より多くの質の高い情報が得られ、より言葉にも敏感になり、その表現力は高められるのです。

●語学を身につけるのと同じプロセス

前に、ワインの表現を完全に自分のものにしていくことは、英語やフランス語が話せるようになるプロセスと、とても似ていると書きました。

フランス語が自由自在に話せるようになるとはどういうことかというと、たとえば、フランス人の友人と歩きながらおしゃべりをしているとき、何かのはずみで転んでしまったとしましょう。そのとき、「痛い！」と日本語ではなく、すぐに「アイユ！」と、フランス語が口をついて出てくるという状況でないと本物ではありません。「痛い！」と日本語で感じてから、フランス人の友人のために、フランス語に訳すというプロセスを経るようでは、まだフランス語が身についているとは言えません。

それとワインの味わいを表現することとは、まったく同様です。わかりやすい例があります。ソムリエの世界で言うと、ソムリエの職業が登場してからまだ歴史の浅い、東南アジアの人たちにとっては、感じたことをすぐ言語に置き換えるという訓練ができていません。それは三〇年前までの日本と同じと言っていいでしょう。

アジア各国のソムリエたちは、基本的には英語におけるテイスティングの用語を今、とりいれようとしています。それは、私たちが外国語を勉強しようとするときに、単語帳からひとつずつ覚えていくのに等しいのです。ただ、その単語の真の感覚や意味を理解し、さらに最終的には香りを嗅いだ瞬間に、的確な言葉が出るようになるまでには時間がかかるでしょう。それは転んだときに、痛みを伝える表現が、とっさにその国の言語で出てくるようになるまで相当に時間がかかるのと同じです。

ワインの表現の世界は確立してきているし、進化もしているので、覚えるべきマニュアル本も数多く出版されています。ですからまずは単語を覚えるようにしていけばできるということです。ワイングラスを鼻に近づけた瞬間から、ワインの香りを表現するテイスティング用語が口をついて出るようでないと本物にはなれません。それができてはじめて言語として脳に記憶できるのです。本当に必要なことは、紙にメモをすることではなく、頭にインプットすることなのです。

●ブラインド・テイスティングの方法

参考までに、僕がワインのブラインド・テイスティングをするときに、どう判断していくかをご紹介しましょう。

目の前のワイングラスに赤ワインが注がれています。

まずグラスを手に持ち、視覚で外観からチェックします。色調は紫がかった濃いガーネット。次に、ワインの液面に浮いているように見える表面張力によるディスク様の状態の厚みをチェックし、さらに、グラスを少し動かすと、グラスの壁面に付いているワインの流動性に粘着性があるのがわかります。ディスクの厚みや粘着性は主にアルコール度数のレベルを判断するポイントです。

清澄度や輝き具合を確認し、次に嗅覚です。香りは芳醇《ほうじゅん》で複雑性を感じ、ブラックベリーのコンポートやスミレの花、丁子《ちょうじ》や甘草《かんぞう》を含む甘苦いスパイスの香りにほのかに土の香り、木樽からのロースト香やバニラ香などが調和して感じられます。まず、丁子や甘草などのスパイス香を確認したことにより、カベルネ・ソーヴィニヨン種が使われていると想像します。さらに、ほのかに感じる土の香りは、メルロ種が少し使われている可能性を示唆しています。また、木樽からの香りの具合により、樽の木材はフレンチオークで、その強弱などから新樽の比率が何%ぐらいであるかなどを推測します。そして、ブラックベリーの香りにより、使われているブドウの成熟度の高さを判断し、コンポートのような香りからは、まだ酸化が進んでおらず、若々しい状態であるということの意味が含まれていることを理解します。

そして、味覚です。味わいはまろやかな果実味からバランスのとれた印象が広がり、タンニンの渋みはなめらかで余韻は非常に長く、一〇秒程度（一〇コダリともいう）、アフターフレーバーにも果実香やスパイスの香りが残ります。このように、ワインが口先端と舌先に触れた瞬間の印象は、主にアルコールによる甘味度合いをチェックし、豊かであるとか、まろやか、ふくよかなどの単語で表現します。

次に、ワインが口のなかで広がる際に、とくに口の前方部分に意識をし、酸味と甘味（感覚的な）のバランスをチェックします。そして後半、口の後方部に意識を移し、苦味（とくに赤ワインの）がもたらすバランスを確認。さらに、歯茎などの粘膜の敏感な部分で収斂《しゅうれん》性（渋み）を確認します。そして、口をすぼめ、歯の隙間から空気を吸い込むようにしながら、口中にあるワインと空気をからめ、そのワインの香り成分を含んだ空気を肺に送り、今度はその空気を鼻から抜きます。この際、鼻腔《びこう》を逆流しながらも香りを確認することができます。アフターフレーバーを瞬時に判断することができるのです。最後に口中のワインを吐き出し、そして、アフターフレーバーとして感じる印象が持続する時間をチェックします。これは、ワインの質を判断する基準としても重要なポイントとなります。

この結果、この赤ワインの品種はカベルネ・ソーヴィニヨンが主体のもので、メルロを少量ブレンド。だとするとフランスのボルドー地方、カベルネ主体なのでメドックやオー・メドック地区産のワイン。その余韻の長さなどからポテンシャルが高いので、オー・メドック、バランスのよさから、サン・ジュリアン村産の線が濃く、そうであれば、この熟成具合とブドウの成熟度の高さから、二〇〇六年ものの、おそらくは「シャトー・ブラネール・デュクリュ」でしょう、というふうに判断します。

ただし、実際に世界中に数百万アイテムあるとされるワインのなかから、たった一本を探り当てるのは至極困難なことです。ズバリ当てることよりも、どうしてその結論に達したのか、そのプロセスが重要になるでしょう。つまり、そのワインのクオリティをどのように判断できたかが大切なのです。そのためには、多くの経験による分析力、言語力、表現力のトレーニングが必要となります。

●自分で言葉をクリエイトする方法〜コーヒーの場合

このように、ワインにはすでに表現するためのグローバルスタンダードがあります。

しかしながら、ワインの世界のように、その言語が共有できる感覚を表現できている例は意外に少ないのではないかと思うのです。

日常的に五感のトレーニングを積むことで、探究心と分析力が養われていきます。

その過程で、今度はどういうふうに語彙《ごい》を増やしていき、表現をしたらいいかについて考えてみたいと思います。

僕は、一九九八年に『珈琲ブック――田崎真也のテイスティング』（新星出版社刊）という本を著したことがあります。

日本にはコーヒーの愛飲家が多いわりに、コーヒーの味わいに関して分析的に表現した本があまりなく、コーヒーのメーカーから依頼されたのがきっかけで出版に至りました。この本の制作過程をご紹介することで、語彙を増やし、表現していく過程を理解していただけるかもしれません。

コーヒー豆は世界の熱帯地方や亜熱帯地方の一部で生産されています。有名なところで、ブラジル、コロンビア、エチオピア、ジャマイカ（ブルーマウンテン）、ケニア、タンザニア、ジャワ、インドネシア（マンデリン）、中央アメリカの多くの国々など、さらにはハワイやインド、ベトナム、沖縄などでも生産されています。品種としては、ほとんどがアラビカ種、他にジャワ産が主体のロブスタ種、さらにリベリカ種などがあります。そして、もちろん同じアラビカ種の豆であっても、産地によって品質に大きな差があり、もちろんワインと同じように農作物ですから、その年の天候による品質の差も生じてきます。また、ブラジルのように広範囲で栽培されているエリアでは、標高差などでも品質が異なります。

さらに、豆の収穫時の成熟度や収穫方法の違い、下処理の違いによっても品質の善し悪しに与える影響は大きく、さらに、豆の熟成具合や、焙煎の方法、時期、豆の挽き方、挽いた後のコンディション、使用する水の質の違い、そして当然淹《い》れ方の違いなどによっても抽出されるコーヒーの味わいは異なります。

ところが、豆を選別する際には、ブラジルのようにコーヒーのクオリティを官能でチェックするカップテイスターの認定制度などもありますが、それはどちらかというと、品質の善し悪しに対し、基準を設け、減点法でチェックするようなスタイルであり、香りの違いなどを加点法でマニュアル化された単語を使って表現するスタイルはとられていません。

そこで、専門家の技術的な意見を参考にしながら、メーカーのスタッフとともに、コーヒーのテイスティングをするための表現方法を提案するような資料を作ろうという思いから、本づくりが始まりました。
その本の中身を少し紹介しますと、まず、重要なのは、香りです。
香りは、大きく四つのカテゴリーに分けられました。
ひとつは、コーヒー豆は、コーヒーの木の実の種子なので、果実の香りが感じられます。たとえば、
オレンジ、赤いリンゴ、アンズ、カシス、ブラックチェリー、プルーンなどです。
二つ目は、豆の熟成が若いときの香りとして、
青い稲穂、芝生の芽、ハーブ、ピスタチオ、エキストラバージンオリーブオイル、グレープシードオイルなどの香りが見つかります。
三つ目は、逆に豆の熟成が進んでいるときの香りとして、
乾いた稲穂、麦わら、くるみ、ピーナッツ、アーモンド、麦焦《こ》がし、ビスケット、焼き栗などのナッツや乾燥した香りを感じます。
そして、最後の四つ目は、ロースト香です。例として、
キャラメル、トースト、丁子、炭、ココア、ビターチョコ、シナモン、バニラビー

ンズ、八角《はっかく》（スターアニス）、甘草、タール、黒土、粘土、ヨード、ミネラルなどの香りを使って表現することができました。

そして、香りの次は、味わいの表現です。

コーヒーに感じる味わいは、主に苦味と甘味、そして、酸味の三味で、これらの組み合わせのバランスをチェックします。

チェックする方法は、ワインと同じように、口に含んだ瞬間の第一印象から始め、ここでは、甘味を中心とした味覚をみます。

つぎに、広がりにおいては、先の甘味と酸味のバランスを意識し、次に苦味が加わった印象を観察してから、全体のバランスを総合判断します。

このマニュアルをベースに、豆の違いや抽出方法の違い、挽き方の違いなどによる味わいの違いを言葉で表現し、味覚のチャートに落とし込んでまとめました。

飲食店で飲み物の管理、サービスを行なうソムリエにとっては、コーヒーの味わいを知り、よりよい状態でサービスを行なうことも仕事のひとつですし、また、このテイスティングの経験を通して、日常のコーヒーの楽しみ方が大きく変わったことは言うまでもありません。

●どう応用するのか～ラーメンの場合

こうして言語化をして、表現方法の完成度を高めていき、コーヒーの本を作るのに三年間、勉強させてもらいました。

では、こうした考え方をどのようにして、ほかの食べ物の表現に応用することができるかという話になります。

ラーメンの汁を表現するときに、「こくがあるのに、さっぱりしている」ではなく、香りや味わいのバランスを伝えることができれば、もっとわかりやすいわけです。すると、実際に出汁《だし》に使われているものが何であるかがわからないと、どんな風味なのかも伝わりません。

たとえば、「昆布や煮干しなどの海産物系の香りと、トンコツからくる動物的な香りとのバランスがとれています」と表現すると、それを聞いた人はそのラーメンの汁の風味を想像しやすいでしょう。「こくがあるのに、さっぱりしている」と口先でさらっと言ってしまうのではなく、これも、「一口目は、トンコツからの印象でふくよかな味わいを感じますが、後味には、海産物系の風味によって、さわやかな印象が余韻まで残ります」というふうに、丁寧に説明したほうが、ずっとわかりやすいのではないでしょうか。

そのためには、ラーメンのスープにはどんな材料を使い、それぞれの材料からはどのような風味が生まれるのか、昆布のグルタミン酸と鰹節のイノシン酸の組み合わせにおける相乗効果のようなことも知り、またそれらの処理の仕方の違いで風味にどのような影響があるのかなども調べます。さらに、白濁したスープと澄んだスープとは作り方の違いや風味がどう違うかなども言語化しインプットしていきます。

また、太い麺と細い麺とではどう違うか、縮《ちぢ》れ麺とストレート麺はどう使い分けるのか、そういったこともわかっていたほうがいいでしょう。

ラーメンの場合、スープと麺のからみ具合、麺の咀嚼《そしゃく》時間とスープの味の強さなどの関係が大事です。太麺では咀嚼時間が長くなりますから、スープの味が濃いほうが最後までバランスがとれます。一方、細麺のストレートの場合、咀嚼時間が短いので、太麺のときよりも麺が早く口のなかからなくなって、スープが濃く感じられるので、少し上品な味のほうがいいということになります。

また、縮れ麺にすると、麺により多くのスープがからむので、その場合のスープの風味の濃淡を考えます。

もちろん、トッピングと全体のバランスや、その選ばれた素材や調理法の意味も理解し、表現に反映させていきます。

チャーシューの柔らかさと麺の咀嚼時間が同じであったり、また、その味付けは、スープの風味をより豊かな印象に引き立てている、などの表現ができます。

焼き海苔の風味は、スープの海産物系の香りをより華やかに引き立て、半熟玉子は麺の味わいをまろやかにする効果があります。

いかがですか？

ですから、ラーメンの味わいに対して、「麺にコシがあって、おいしいですね」「さすが、手打ち麺は違いますね」「このチャーシュー、トロトロで、噛まずに口のなかで溶けちゃいます」といったような表現を用いたところで、そのラーメンの何がおいしいのか、実際のところはほとんど伝わっていないのです。

●フレーバー（風味）の大切さ

ラーメンに限らず、カレーライスにしてもハンバーグにしても、同じようなことが言えます。何度も書いてきたように、肉もハンバーグも、肉汁がじゅわっと広がることよりか、肉汁じたいの味わいにどんなフレーバーを感じられるかが大切なわけです。このフレーバーを日本語に置き換えると、「風味」が適当でしょう。そして、この風味は、香りと味――すなわち嗅覚と味覚で感じる感覚を指します。

うまいラーメンだったか、上質な味わいのラーメンだったのか、牛肉だったか、豚肉であったか、カツオであったか、マグロであったか、それは、フレーバーで自然に確認をとっているわけです。

日常の食卓において、毎回食べ物に鼻を近づけて、くんくんと香りを確かめてから食べはじめることはないでしょうから、この風味が瞬間的に感じられないと、物の判断がつかないということになります。ですから、鼻が完全に詰まっていると、何を食べているのかほとんど確認ができません。それほど重要な印象です。NHKの小学生対象の授業のところで、鼻をつまんで飲んで、何のジュースかを当てるのは非常に難しいと書きましたが、これはまさしく、食べた物の判断がフレーバーと関連していることを理解するための実験でした。

シャーベットを食べると、それが何でできているのか、意外にわからないのも同じです。たいていどのシャーベットも甘くて少し酸味があります。したがって、味覚的にはあまり変わらないわけです。しかも冷たさが、味覚を麻痺させていますので、はっきりとした味わいが感じづらくなっています。結局のところ、嗅覚を使わず、味覚や触感だけで表現するとなると、どれも「冷たくて、おいしい」で終わります。

たとえば、イチゴのシャーベットは見た目が赤いので、視覚のみでイチゴのシャーベットだと思って、たいていの人は食べます。本当は嗅覚を使えば、イチゴの香りもしているはずなのに、圧倒的に視覚からのイメージで食べています。

では、トマトのシャーベットはどうでしょうか。トマトは、ジュースを目の細かい布などで濾《こ》すと、赤色ではなく、レモンシャーベットのように無色に近いものが作れます。トマトの色素は大きい粒で果汁に色素が溶け込んでいないため、布の目を通らず、ほとんど透明の果汁が出てくるのです。これを仮に、「レモンのシャーベットです」と言って出したとしても、大部分の人はおそらく何の疑いも抱かずに、トマトのシャーベットをレモンのシャーベットとして食べてしまいます。

それは、嗅覚を使って、フレーバーを感じながら食べる習慣が身についていないからなのです。視覚に大部分を頼って、「味わって」いるからなのです。

機会があれば、シャーベットのブラインド・テイスティングにチャレンジしてみてください。なかなかいいトレーニングになります。

そして、シャーベットだけでなく、すべての食べ物や飲み物をもっとおいしくいただくためにも、フレーバーを感じとりながら食べる習慣をつけたほうがいいのです。

比較的身近なものでトレーニングしやすいのは、ミックスのフルーツキャンディです。色を見ないほうがいいので、目をとじて、口に入れ味わいながら香りも意識します。ワインのテイスティングのように、キャンディを口に含みながら、口から空気を吸い込み、その空気を鼻から抜くと、キャンディの香りを含んだ空気が逆流しながら鼻腔の嗅覚のセンサーを通過し、よりはっきりとフレーバーを確認できます。ずばり当てるためには、味覚・嗅覚で感じられるフレーバーで当てるわけです。味覚・嗅覚の感覚を磨いていないと、当てられません。

この感覚が養われると、少なくとも「口のなかで肉汁がじゅわっと広がって、おいしいですね」という表現だけでは終わらなくなるはずです。肉汁が広がることがおいしさの秘訣であるのなら、ラードをたくさん使ったハンバーグでいいわけですから。そういうラードたっぷりのハンバーグと、上質な牛肉だけで作ったハンバーグの違いは、肉汁の量ではなく、素材の持つフレーバーの違いです。それがわからないと、素材の違いどころか、ハンバーグに含まれている微妙なスパイスが何かもわからないし、スパイスが含まれていることすらわからないでしょう。パン粉を使っているのか、使っていないのかもほとんどわからないはずです（上質なハンバーグとは、たとえば、霜降りの牛肉だけで、つなぎなしの牛肉一〇〇%を、ミディアム・レアに焼いたものと仮定します)。せっかくのハンバーグなのに、フレーバーを意識しなければ、その本当の魅力を知ることなく、食べ終わってしまうでしょう。

肉料理の調理は、フレーバーを意識して行なわれます。切れ端を焼いて食べてみて、その肉のフレーバーを感じてから、どういう香りのあるソースにするかを考えるという料理人も多いのではないでしょうか。肉汁が流れ出さないように調理するのは、肉汁のなかに含まれるフレーバーが流れ出さないようにするためです。

また、魚の見分け方はよく、「目の新鮮さを見て選べ」と喧伝されていますが、魚の種類によっては、すぐに目がくもってしまうものもありますし、捕獲方法や保存方法の違いによって変化の度合いは異なってきます。したがって、えらの部分の色を確認し、できれば鼻に近づけて内臓の匂いを確認するのが、よりわかりやすい方法です。

魚や肉だけではなく、野菜も、フレーバーが大切です。おいしい野菜の見分け方ということで、持ってずっしりしているとか、葉がぱりっとしているというように、これも視覚と触感の情報を中心に表現しています。だれひとりとして、フレーバーだとは言いません。つまり、おいしいトマトは、がぶっと噛んだときに、どのように優れたトマトの香りがするかで見分けましょうとは、だれも言いません。それよりは、どこのだれそれさんが作るトマトは糖度が一七度以上あるとか、このキャベツの糖度は一四度以上という具合に、糖度という数値をおいしさのひとつの基準にする傾向が強いくらいです。

しかしながら、僕は、野菜のおいしさの目安として真っ先に糖度を求める傾向について大いに疑問を持っています。最も重要なのはトマトらしいフレーバー、キャベツらしいフレーバーです。そして、とくにトマトの場合、フレーバーの次に重要なものは、酸味と甘味のバランスです。それを追求してトマトづくりをした結果、最終的に糖度が高くなったとしても、それはそれでいいとは思いますが、トマトに糖度を求めていくことが先ではないのです。順序が逆です。ですから、最近のトマトのなかには香りが乏しく、不要な甘さばかりが目立つものが多いように感じています。

●自分が感じたフレーバーを表現に用いる

日本の牛肉にはA5やA4という等級づけがされています。その判断基準は、切った状態のさしの入り方、つまり外観での判断が主となります。実際に食べて、味わいを確認して、等級を決めているわけではありません。視覚のみで格付けをしていると言っていいでしょう。

テレビのグルメ番組を見ていて思わず笑ってしまうのは、たとえば、「A5等級ですから、最高の肉」と念を押したあとで、その牛さしを食べて、「おいしいですね、まるでマグロの大トロみたい」とコメントするレポーターがいることです。

そういう人は、次の機会に大トロを食べると、「これ、お魚じゃないみたい」となります。いったい何を食べているのか、と思わずテレビに向かって、ツッコミを入れたくなります。

フレーバーを表現の武器にすることで、ずいぶん味が伝わりやすくなります。たとえば、春に旬を迎えるタケノコ料理を紹介するときに、「旬のタケノコを惜しげもなく使っている」と量のことだけを言っていては、肝心の味や香りはまったく伝わりません。量だけを褒めている話になります。

一方、フレーバーを感じられれば、たとえば、「旬の採れたてのタケノコの特徴は、華やかなカシューナッツなど、ナッツ様の香り。ふんだんに使うことで、その香りを十分に楽しむことができます」という表現ができるようになります。

また、イタリア料理には、「生ハムとメロン」という定番の組み合わせの前菜があります。もちろんメロンのフレーバーが生ハムと相性がいいので、この組み合わせが好まれているのですが、ただ、この場合のメロンとは、ヨーロッパのメロンになります。日本産の、たとえば夕張《ゆうばり》メロンのような華やかな香りを持ったものではなく、イタリアでこの場合に使われるメロンは、グリーンの果肉のものも多く、まるでキュウリに代表される瓜のようなフレーバーを持っているものです。これが、生ハムの熟成によるフレーバーと合うのです。このタイプのメロンの糖度はマスクメロンなどに比べずっと低いので、その優しい甘味を生ハムの塩味・旨味で引き立てる効果はあっても、単純に果物の甘さと生ハムの塩気が合うのか、とは考えないでください。ですから同じ果物だからといって、香りの穏やかなイチジクなどとは合っても、桃やラ・フランスとは、そのフレーバーが華やかで強すぎるため、生ハムとはあまり合わないと思います。

あくまでもヨーロッパのメロンにあるキュウリのような野菜的フレーバーが、生ハムにさわやかさを与えて、生ハムの香りをより引き立てるから、定番の組み合わせとなっているのです。

むしろ日本のスナックの定番メニュー「キュウリとサラミ」に類似した効果で、日本で食べる限りは、「生ハムとメロン」よりも、「キュウリとサラミ」のほうがずっと理にかなっていると言っていいほどです。

意外な組み合わせも、たいていフレーバーの相性から考えて説明がつきます。

たとえば、コーヒーゼリーを食べてから、ビールを飲むとすごくおいしく、まるで黒ビールを飲んでいるかのように感じます。これは、コーヒーは豆を焙煎している し、ビールも麦芽を焙煎しており、より強い焙煎のコーヒーを合わせると、同様に焙煎の強い麦芽を使う黒ビールのような風味になるからなのです。コーヒーゼリーとビールと聞くと、だれもがギョッとしますが、フレーバーのことを描いてみると、試さずとも相性の良さがわかります。

●本物の表現上手になるには

五感が鍛えられ、言葉が増えていきます。しかしながら、これだけでは、まだ完全な表現力を身につけたとは言えません。表現上手になるには、もうひとつ重要なポイントがあります。

それは、基本形として、すべてポジティブに表現すべきだということです。

ヨーロッパの評価方法では、どんな子供でもいいところがあるという前提で個性をのばしていくのが親であり、学校であるわけです。つまり、何もないゼロから始めて、いいところをどんどん加点の対象としていく方法で、評価します。

それと同様に、どんなワインでもどんな食べ物でも、いいところがあるという前提で表現したほうがいいと思います。ですから、「クセ」というのではなく、「個性」としてとらえることから始めてください。人の性格の表現でそれを考えると、たとえば「しつこい」を「ねばり強い」、「落ち着きがない」を「活発」と表現するぐらいでいたほうがいいでしょう。

食べ物で「個性的」と感じると、日本ではどうしてもマイナスイメージになります。だから「クセがある」などと表現します。つまり、その前提にあるのは、だれが決めたかもわからない、「食べやすいものがいい」という先入観です。

ですから、これまでのそういった先入観をすべて捨て去り、真っ白な状態から、すべてプラスの言葉、プラスの評価で、ポジティブに表現するべきでしょう。

たとえば、一緒の食卓を囲んで、そのなかのひとりが二万円のワインをご馳走《ちそう》してくれたとしましょう。そのときに、そのワインを飲ませてくれている相手に向かって、「これは、昔、駄菓子屋さんで食べたスモモみたいな香りがしますね」と言ったりしたら、とても失礼です。たしかに「駄菓子屋さんで食べたスモモみたいな香り」がしていたとしても、それは口にするべきではありません。高級中国料理店で、一八〇〇円の麺料理を食べながら、「これ、あのインスタントラーメンをちょっと高級にした感じだよね」と言われたら、僕なら内心、怒り心頭でしょう。

駄菓子屋さんのスモモも、インスタントラーメンも決して悪いわけではないのですし、表現した人たちは、そんなつもりはなく素直に、むしろ親しみやすいという気持ちから褒めたつもりなのかもしれません。しかし、それを聞かされるほうにとっては、否定されているのと何ら変わらない表現になっているのです。

表現を発することとは、それを受けとる側が少なくとも、好ましいと思って聞くことが前提になっていると思います。

日本人が、欧米人と比べて、ネガティブな表現をすると感じるのは、香りに対してだという話は、先にしました。

「香りを嗅ぐ」「匂いを嗅ぐ」「臭いを嗅ぐ」……と、この使い分けも明確ではありません。香りを嗅ぐはポジティブな表現ですが、ほかの二つはどちらかというと、ネガティブな表現のようにも聞こえます。

香水をつけた女性に「今日のにおいは、ステキだね」と褒めたとしても、その女性はおそらくあまり気分がよいものではないでしょう。やはりここは、「今日の香りは、ステキだね」と言われたほうが、絶対に笑顔がかえってくる確率も高いはずです。

　そして、香りというか、この体臭に関して、そのスタンスはまるで違います。日本では体臭を消すデオドラントが主流で、無臭・無香料のものを好む傾向にあります。ヨーロッパでは体臭を消すのではなく、自分の体臭をより魅力的にするために自分に合った香水を選び、また、ＴＰＯに合った香水をセレクトします。

　料理の表現にもその違いが表われます。たとえば、仔羊の肉にローズマリーなどのハーブをたっぷり使った料理があるとしましょう。日本人は、たっぷりとハーブを使うときに、「このハーブを使い、羊特有のくさみを消します」と説明されるでしょう。つまり「くさみ消し」として使っているのです。ところが、フランス人やイタリア人などは、羊の香りや味わいをより引き立てるために、たっぷりのハーブやスパイスを使っていると表現します。

　つまりハーブを使う目的は、前者は、「羊の消臭剤」、そして後者は、「羊の香水」なのです。そういう意味でも、香りを消臭剤とネガティブに考える日本文化には、香りの表現が少なくて当然かもしれません。

ですから、つねにポジティブに表現しようと心がけることが、表現上手になるコツかと思います。

●加点法で考える文化

ワインの世界を例にあげて説明してみましょう。

世界的に著名な、ロバート・パーカーというアメリカ人のワイン評論家がいます。ワインの品質を点数評価し、今では彼の評価がワインの相場を左右します。そのパーカー氏が二〇〇五年のボルドーワインについて、「今年は最高の年だから満点」ということで、多くの銘柄に最高点の一〇〇点をつけたのです。ところが、二〇〇九年産の多くのワインにも最高点の一〇〇点をつけたわけです。しかしながら、多くの専門家の間では同じ一〇〇点がつけられたメーカーのワインだと二〇〇九年産の出来のほうが上と評価されています。では、いったいどうするのか、という話になります。

でも、この問題はフランス流で考えると解決がつきます。二〇〇九年産のワインに、一〇二点や一〇五点をつければよかったのです。

ちなみにフランスでは、子供の学校の成績なども、多く二〇点法が採用されていま す。食やレストランのガイドブックでも同様に二〇点法を使ってランキングなどを紹介しています。

以前、あるレストランガイドは、それまで「一九・五点が最高点だ。なぜならば、完璧な料理はあり得ない」ということを言っていました。にもかかわらず、あるとき、二〇点をつけて評価をしました。そして、まだ、話は続くのです。こうなると、二〇点が最高の最高と思っていたら、今度は、なんと、二〇・五点をつけたのです。

第一章をお読みになった人ならもうおわかりでしょう。これが、加点法のなせる業です。

「最高のなかのひとつ」

「今年最高のワインのなかの一本」

最高をうかがうものには、それぞれにまた違った良さがあるし、あとは個性や好みの違いです。とくにこれ以上競って、一番を決めなくてもいいものなので、このような表現が成り立ちます（ただし、「君は、最高の女性のなかのひとりだ」は、フランスでも禁句です）。

表現するうえで、このフランス的な考え方は、大いに参考にしてもいいのではないかと僕は思うのです。

一方で、減点法という、「まず否定ありき」という評価法は、日本社会にさまざまな影響を与えています。

この社会では、最初に、ひと握りの任意の「エリート」が決められていて、それを目標に、なるべく減点が少ない人がエリートに近いということで、社会で選ばれて生きていく。だからみんなが塾に行くから、自分も塾に行かないと遅れてしまうという考え方です。

フランスの加点法がすべて素晴らしいわけではないですが、加点法のベースにある考え方からヒントをもらえると思うのです。たとえば、日本人の親同士が、子供の学校の成績の話になったとき、自分の子供がほとんどの科目で一〇〇点に近い点数をとっているのに、「ウチの子は体育ができなくて……」と全然自慢をしないわけです（本当は、体育以外の成績がいいことをとても自慢したいのにもかかわらず）。ところが、フランス人の親は、たとえば相手が「ウチの子は数学がいいのよ」と言っていて、自分の子供の数学の成績がパッとしない場合は、「ウチの子は国語がいいのよ」と褒めます。張り合っているわけではなくて、それが事実ですから。これはとても大きな違いです。

家族について話をするときでも「うちのグータラ亭主」とか「愚妻」とか「愚息」とか、どんなに素晴らしい家族にもかかわらず、卑下という形で、全部否定しながら紹介する人がいます。これは日本人に特有な表現方法です。謙譲《けんじょう》の美徳の精神からくるものなのでしょうか。フランスでは、まったく反対で、僕の妻はこんなにステキだとか、この子はここがすごいんだという紹介をします。まるで正反対です。

もっと顕著に現われるのは、プレゼントをするときでしょうか。日本では、お世話になっている人にお中元やお歳暮など何かを贈るとき、「つまらないものですが」が、常套句です。しかし、この言葉を欧米人が直訳して聞いたとしたら、「なぜ、つまらないと思うものを自分にくれたのか」と悩むはずです。日本の習慣として、「つまらないものですが」と口先では否定しつつも、その「つまらないもの」を長い時間をかけて選んできたのです。そして、もらったほうも、その場では開けずに、持ち帰ります。開けてみて、うれしいと思うか、「なあんだ」とがっかりするか、それが未知数である以上、とても恐くて人前では開けられません。

しかし、欧米では、プレゼントをいただいたときは、必ずその場で開ける習慣があります。そうしないと、怪しまれてしまうでしょう。ですから、くれた人の目の前で包み紙をビリビリと破ります。これは、「あなたからいただいた大切なものを、喜んで使わせてもらいます。ほかの人には差しあげませんよ（買った店に持ちこんで換金したりしませんよ）」という態度の表明で、そのことが重要なわけです。

そして、日本人から見れば、大げさなくらいに、はっきりと感謝の言葉を添えます。これは子供の頃から、しつけられている習慣で、「ありがとう」のほかに、どんなひと言、ふた言を付け加えるかが、もらった人のセンスの見せどころなのです。たとえば、「前からこれ、欲しかったのよ」とか、「僕の好きな色だよ」とか、「ここにクマさんのワンポイントがついてるね」といったような具体的な感謝の言葉を添えて、プレゼントしてくれた人の誠意に返します。

とくにフランス人の男性は、子供の頃から「人を褒める」ことをしつけられているので、褒める表現をたくさん持っています。ですから女性に対して、褒めるべきパーツを瞬時のうちに見つけることができます。

ただ、これは日本の男性にとっては、かなり苦手な部分です。よく日本の女性が、「自分が髪を切っても何も気づかない」とか、あるいは、「わかっていても、何も言ってくれない」と嘆き、また、目いっぱいおしゃれしているのに、そのことについて、ひと言もふれてくれないと不満げにこぼします。

ただ、日本でも、女性同士は褒め合うことが多いようです。「メガネ変えた？　ステキ」とか「そのバッグの色、いいわね」とか、お互いに言い合うことが多いように思います。ただ、男性同士となると、褒め合うどころか、否定し合うことのほうが多いのではないでしょうか。「なんだ、会社に行く格好と変わらないな」とか、「そのシャツの柄、いつの時代だよ！」とか、釣りをして日焼けすると、「いいね、休んでばっかりで」「ちょっと焼けすぎじゃない」という具合に、悪態をつくのも、親しい間柄のコミュニケーションと考えるフシがあります。僕も男性とのやりとりでは、否定することはあっても、褒めることはしません。

しかし、こういう僕も、フランスへ行くと事情は変わります。社交というのか、習慣の違いと割りきり、褒め言葉を口にします。

たとえば知り合いの男性なら、「いつもきっちりしたファッションで決めていますね」とか、年輩の方には、「相変わらず若々しいですね」という具合に。もしもヴァカンス明けならば、「いい色に焼けていますね」と褒めると、フランス人はとても喜びます。なぜならば、いい色に日焼けするほど、ゆっくりと優雅なヴァカンスを過ごせたという証ですから。

私たちも、これからはもっと積極的に褒めるという習慣を身につけませんか。そして褒めるためには、褒めどころを見つけなくてはいけません。五感を使って、相手を観察することから始めるのがよい方法です。

●人生やビジネスで役立つ表現力

これまで言葉を増やし、表現力を高める方法について書いてきましたが、いよいよ最後になりました。たくさんの表現方法を知っていたほうが、より深いコミュニケーションをとれることは言うまでもありません。ソムリエの仕事で言えば、お客様にワインをサービスするときに、そのお客様がワインに詳しいのか、ほとんど初めて飲まれるのか、ワインのことをもっと知りたいと思っているのか、あるいはワインよりも料理に興味を持っているのかなど、その場の状況に応じて表現方法を変えて、ワインのサービスをすることが常に要求されています。変幻自在にそれができてこそ、はじめてプロフェッショナルとして認められると思います。

ひとつのことをお客様に説明するとしても、そのことを表わす言葉について、たとえば一五〇語をレパートリーとして用意しておけば、話す相手によって、状況に応じて、二〇～三〇語を選んで伝えることができます。同じ意味を表わす言葉でも、専門家や同業者向きの言葉、一般の人向きの言葉、今どきの若い人向きの言葉……と、全部違ってくるはずです。言葉を発する以上は、その言葉を受けとる相手が意味を理解してくれないと、結局は自己満足に終わってしまい、これでは表現する意味がまるでありません。

相手があってはじめて成立している、その最たるものが、ビジネスの世界です。まず、表現力を身につけ、言葉をＴＰＯに応じて自在に使いこなすことができれば、複雑な人間関係がスムーズになります。あなたが、たとえば営業職であれば、より適切な言葉で説明することができ、新しい顧客の心をつかむことができるでしょう。あなたが、製造業の企画・宣伝に携わっていれば、すべてのものを五感で感じることによって、よりクリエイトな発想が浮かび、開発した新商品のキャッチコピーにも表現力が発揮されるでしょう。

それはソムリエの世界と何ら変わらないはずです。これまで本に書いてきたこと、僕が表現力を磨くためにやっていることを簡単にまとめてみましょう。

・紋切り型の表現や先入観を捨てること

・五感をひとつずつ意識して使うこと
・日常生活（とくに食事の時間）が五感トレーニングの場であると強く意識すること
・五感で感じたことをそれぞれ言葉に置き換えていくこと
・言葉を増やし、分類して言語化し、記憶すること
・相手や状況に合わせて、より受けとりやすい、適切な表現を選ぶこと
・基本は、ポジティブなものの見方に立って表現すること

こうして箇条書きにすると、大変そうですが、最初は、その人に合わせたレベルでやっていけばよいと思います。すると、明日からすぐに始められるのではないですか。続けていけば、あなたの人生が見違えるように変化していくはずです。ぜひお試しください。

切りとり線

★読者のみなさまにお願い

この本をお読みになって、どんな感想をお持ちでしょうか。祥伝社のホームページから書評をお送りいただけたら、ありがたく存じます。今後の企画の参考にさせていただきます。また、次ページの原稿用紙を切り取り、左記まで郵送していただいても結構です。

お寄せいただいた書評は、ご了解のうえ新聞・雑誌などを通じて紹介させていただくこともあります。採用の場合は、特製図書カードを差しあげます。

なお、ご記入いただいたお名前、ご住所、ご連絡先等は、書評紹介の事前了解、謝礼のお届け以外の目的で利用することはありません。また、それらの情報を6カ月を越えて保管することもありません。

〒101-8701（お手紙は郵便番号だけで届きます）
祥伝社　新書編集部
電話03（3265）2310
祥伝社ブックレビュー　www.shodensha.co.jp/bookreview

★本書の購買動機（媒体名、あるいは○をつけてください）

＿＿＿＿新聞の広告を見て	＿＿＿＿誌の広告を見て	＿＿＿＿の書評を見て	＿＿＿＿の Web を見て	書店で見かけて	知人のすすめで

★100字書評……言葉にして伝える技術

名前

住所

年齢

職業

田崎真也　たさき・しんや

1958年、東京生まれ。ソムリエ。国際ソムリエ協会副会長。1995年、第8回世界最優秀ソムリエコンクール優勝。以降、日本に本格的なワイン文化を普及させた功績において、2008年、「現代の名工」(卓越した技能者) 受章。現在は、ワインを含む酒類と食の全般に場を広げて活動している。著書に、『「和」の食卓に似合うお酒』(中公新書ラクレ)、『ワイン生活』(新潮文庫)、『ワインによく合うおつまみ手帖』(講談社プラスα文庫)、『接待の一流』『本格焼酎を愉しむ』(ともに光文社新書) など。
田崎真也オフィシャルサイト
http://www.tasaki-shinya.com/

言葉《ことば》にして伝《つた》える技術《ぎじゅつ》
ソムリエの表現力《ひょうげんりょく》

田崎真也《たさきしんや》

2010年10月10日　初版第1刷発行
2022年12月5日　第7刷発行

発行者……………辻 浩明
発行所……………祥伝社しょうでんしゃ
〒101-8701　東京都千代田区神田神保町3-3
電話　03(3265)2081(販売部)
電話　03(3265)2310(編集部)
電話　03(3265)3622(業務部)
ホームページ　www.shodensha.co.jp

装丁者……………盛川和洋
印刷所……………萩原印刷
製本所……………ナショナル製本

Printed in Japan　ISBN978-4-396-11214-1　C0295